自分リセット！

無限のゼロ・パワー

本当の自分に戻ると奇跡が起こる！

精神科医
越智啓子

青春出版社

はじめに

この本を手に取ってくださって、本当にありがとうございます。

きっと、この本のタイトルの「自分リセット」という言葉に、今の自分のことだとピンとこられたのかもしれません。

あるいは、「無限のゼロ・パワー」を引き出したいと、心から思っているときだったので、まさにベストタイミングだったのかもしれません。

世界全体がリセットの時代を迎えて、大きな変化のうねりを感じています。

本当に、すべてはうまくいっているのです。

何もないことがゼロだと思っていたら、**ゼロにはもう一つ、無限という素晴らしい意味が隠されていました。**それに気づいて、いろんな体験に基づいて解説できることに、わくわくして書いた本です。

ゼロ磁場を紹介しながら、地球におけるエネルギーの現われにも感動しました。

胸のところが大切な魂とつながる場所で、「中今《なかいま》ごきげん」を紹介できて本当に嬉しいです。

本当の自分を見つめて、自分らしさを表現することで、どんどん無限のゼロ・パワーがあふれてきます。

私は、薬を使わずに、愛と笑いの過去生療法というユニークな治療法を、楽しく続けている沖縄在住の精神科医です。

研修医のときに、なかなか薬でよくならない患者さんに処方した安定剤を自分で飲んでみて、いかに副作用がきついかを実体験しました。

それから薬を使わない方法を探求し、現在の面白くてやめられない方法に行きつきました。そのおかげで、患者さんの魂からのメッセージとイメージをご本人に伝えることで、意識がガラリと変わり、腑に落ちて、不安や執着が消えて、楽々コースに切り替えるヒントを、提供できるようになりました。

このユニークな治療を通じて、いろんなことが分かってきて、それが次々と本を書く土台になってきています。ありがたいことです。

世界が大きく変わるときに、私たち自身もリセットのチャンスです。

今まで疑問を持たずに続けてきた日常が大きく変わり、いろんな気づきが出てきて、本来の自分にリセットされます。

日常も変わってきます。気づきが生かされて、思いがけない展開になっていきます。そのほうが、自分らしく楽々なので、素敵な流れになってくるのです。

劇的に方向転換できて、本当にやりたかったことにつながります。わくわく楽しくなってきます。

ピンとくるときは、自分の世界に取り入れましょう！

ピンとこないときは、必要ないことなので、スルーしましょう！

どんな世界を自分が維持していくかは、今この瞬間の自分の選択の蓄積です。

自分の興味が向くところに、意識がつながって、その世界を引き寄せることになるのです。本来の自分につながるように、自然に導かれていきます。

私たちの本質は、光であり、意識であり、エネルギーでもあります。

内なる光が無限のパワーとして、いくらでもくみ出せることに気づくと、これからちょうど地球の変換期に、どんどん無限のゼロ・パワーを引き出して、好きなように自分らしく創造を楽しむことができます。

そのためにこの本は、ベストタイミングに世に出ることになりました。

皆さんが楽しく乗り越えていくために、たくさんのヒントを紹介している本です。

物事を面白く楽しく感じることができると、内なる宇宙から無限のゼロ・パワーを引き出すことができます。

まず、面白い、楽しいと思うことです。

そして、紹介しているいろんなワークをぜひ、日々の生活の中で実践してみてください。

その積み重ねがいつの間にか、新しい習慣になって、ますます楽しい人生を引き寄せるようになります。

自分の人生は、本当に自分の思いでできています。

自分が住んでいる世界は、自分の意識が引き寄せ、創造しています。

興味を持つ世界が自分の世界になってきます。

好きなものが、今必要なものです。

好きな人が、今必要な人です。

もし、この本を手にとって、「はじめに」を読んで、目次を見て、ピンときたら、ぜひ読んでみてください。

どんどん引き込まれたら、きっと今あなたに必要な内容が飛び込んでくると思います。

一緒に、楽しく、自分の中から無限のゼロ・パワーを引き出して、自分の得意分野、好きなことを通して、地球をユートピアにしましょう！

あなたが、この瞬間に地球の地上に生きて、いろんな体験をしていることに、とても深い意味があります。

今の地球上に、生きていてくださって、本当にありがとう！

これから一緒に、素晴らしい笑顔いっぱいの素敵な世界を創っていきましょう！

楽しく自分リセットして、内なる宇宙から無限のゼロ・パワーを出して、どんどん自分の大好きな世界を創っていきましょう！

それでは、無限のゼロ・パワーを、お楽しみくださいね！

人生がわくわく楽々になるインスト楽多《ラクタ》〜

越智　啓子

『自分リセット！　無限のゼロ・パワー』——目次

第2章

「ゼロ磁場」を活用する

第3章 「中今《なかいま》」から内なる宇宙とつながる

第4章

本当の自分を生きる！「リセット」の奇跡

ゼロ・パワーを活性化する方法

カバーイラスト　Jane_Mori/Shutterstock.com
本文デザイン　リクリデザインワークス

第1章

あなたの中に眠る無限の力
「ゼロ・パワー」の秘密

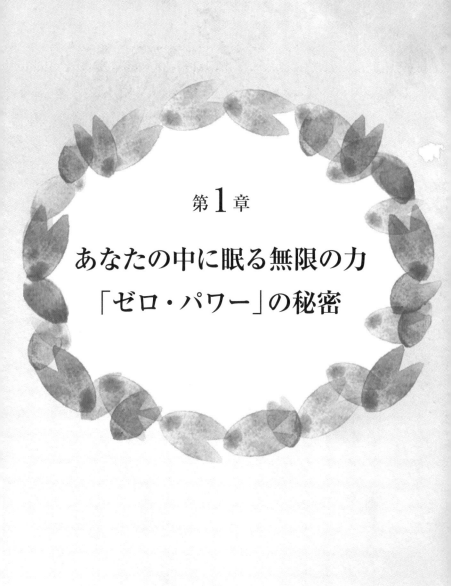

ゼロ・パワーとは？

0（ゼロ）には「無限」の意味が隠されていました

みなさんは「0（ゼロ）」と聞くと、どんなことを思い浮かべますか？

「何もかも失って、ゼロになった」

「可能性はゼロ」

と表現するように、

「ゼロ＝0＝何にも無い」と一般的には思われています。

ところが、哲学的にゼロには、「無い」のほか、「無限」という隠れた意味があります。

確かに数学的にも、分母が限りなく0になると、無限に大きな数字になってきます。

無限とは、始まりがあるけれど終わりは無いものですが、**「終わりは、始まりでもある」**

ということになります。

「人生をリセットする」という言葉があるように、私たちの人生でも、何もかもうまくいかないときは、リセットして、新天地でゼロから始めることができます。

人生をリセットしてゼロに戻すと、次のステップが始まるしくみになっているのです。

天災や病気や事故、人間関係のトラブルなどですべてを失ってしまっても、終わりではありません。

「人生の起点＝ゼロ」を意識するだけで、すべてが始まります。

まさにゼロからのスタートです。

また私たちは、一生懸命に努力しても成功しなかったり、報われなかったり、タイミングがずれていたりすると、がっくりして、「無駄」だったと思ってしまいます。

ところが、**「人生一切無駄なし」**なのです。

決して、無にならずに、いつか実るときがきます。**努力は無駄ではなく、次の土台になるのです。**

それが、きっかけで、新しい流れが来ます。

それを誰かが見ていて、声をかけてもらい、もっと素晴らしい展開が待っていることもあります。

一生懸命にやっていることが、一瞬でゼロになるのは、とてもショックです。

でも、実は、無限のゼロ・パワーにつながるチャンスでもあるのです。

「今までの努力が無駄だった」と落ち込むのではなく、「ゼロに戻る、リセットする」と意識するだけで、その瞬間に必要なエネルギーが内なる宇宙から引き出されて活用されます。

素晴らしい流れになって、奇跡が起きます。

危機一髪のときにも、ちゃんと似たような宇宙を持つ助け舟、助け人が現われて、救われるのです。

人生における大きな波を私たちが乗り越えていくときに、これからご紹介するゼロ・パワーが役に立ちます。

ゼロは、何もないように思えて、無限にすべてがあって、その瞬間にぴったりのものを引き出せるのです。

7つのゼロ・パワーの働き

では、ゼロ・パワーには、どんな働きがあるのでしょう。このパワーを活用すると、どんな現象を起こすのでしょう？

この本では主に7つのゼロ・パワーを紹介します。思いつくままに書いたものを、編集のチカラが素敵に分析してくれました。とても分かりやすくなっています。

①失って得る力（「リセット」のゼロ　その1）

前項で紹介したように、大切なものや人を失ったとき、大きなショックを受けますが、人生の終わりではなく始まり、実は変革のチャンスなのです。

すべてのことには深い意味があって、起きています。人生一切無駄なし。無駄に思える経験も、ちゃんとバネになって、あとで必ず飛躍します。

②本来の姿に戻る力（「リセット」のゼロ　その2）

本来の姿、本当の自分を取り戻す力です。本当の自分に目覚めると、内なる宇宙とつながって、自分らしくラクで楽しい人生に変わります。

リセットのゼロについて詳しい解説は、第4章で紹介します。

③無くす力、やめる力（「無」のゼロ）

私たちには、当たり前や常識といった様々な思い込みがあります。たとえば「当たり前」をずっと続けていると変化や改革は起きません。当たり前の習慣を無くすと、大きな素敵な変化がやってきます。成長する原動力になります。

④自分の中心軸をつくる力（「自分の中心」のゼロ）

ゼロは、本来の自分の中心でもあります。

身体の中心である「丹田《たんでん》」を意識すると、何が起きても動じない自分になることができます。「不動心」を手に入れることができます。第1章で紹介します。

⑤「ゼロ磁場」の力（波動のゼロ地点）

地球は北極がS極、南極がN極とする大きな磁石のようになっていて、プラスとマイナスのエネルギーがぶつかって、とても強いエネルギーを生み出している場所のことを「ゼロ磁場」といいます。エネルギーが高いところなので、パワースポットとして近年人気です。具体的な場所は、第2章でご紹介します。

⑥「中今」を生きる力（時間のゼロ地点）

「中今《なかいま》」とは時間の流れの中の中心点（ゼロ地点）。「今この瞬間」のことです。過去のことを後悔し、未来の心配をするのではなく、「中今」に集中することで、イヤな感情から解放され、「ごきげん」で生きることができます。この「中今ごきげん」については第3章で紹介します。

⑦陰陽を統合する力（ゼロ・バランスのゼロ）

善と悪、光と闇、白と黒、再生と破壊、女性性と男性性、プラスとマイナス……と、この世は陰陽のバランスで成り立っているといわれます。

日常で、この陰陽バランスをとるように心がけると、陰陽が統合され、愛に満ちた平和な世界で生きることができます。

地球レベルでも、いよいよ闇が強くなったときに、光も強くなって、バランスをとりながら闇の大解放が起きて統合しています。地球のユートピアへの大きな第一歩です。

ゼロ・パワーは、本来の姿に戻る力を持っています

人生を大きく揺さぶる出来事は「リセット」のサイン

私のクリニックは、1995年1月17日、阪神淡路大震災をきっかけに、魂の大きな揺さぶりで、翌月2月22日に誕生しました。

本当は定年後に開設する予定だったクリニックを、大幅に前倒しして、震災1か月後に開設したのです。

国立病院の勤務医時代からハンドヒーリングなどはすでに実践していましたが、本格的に薬を一切使わない、愛と笑いの過去生療法をする精神科医として、ゼロからスタートしたのです。

それから25年以上経ちましたが、時代は物質的な豊かさから精神的な豊かさを求める傾向がますます強くなってきました。

３・11でたくさんのかけがえのない命が失われ、大きな悲しみと苦しみに包まれましたが、人と人との絆が再確認されました。全国的に助け合って、絆を深める気づきを得ました。私自身も、長年同棲していた主人と入籍してから被災地にボランティアに行って、絆を深めました。「七夕《たなばた》や入籍すませ被災地へ」という句が句集に掲載され、感無量でした。

人生をリセットするような出来事には、スピリチュアル的な深い意味があり、さまざまな「気づき」があります。

私が今住んでいる沖縄の首里城も２０１９年10月31日に全焼しました。青天の霹靂《へきれき》のリセットです。やっと修復が終わったときに、ゼロに戻されてしまいました。ニュースを見て、びっくりして、涙が止まりませんでした。

燃える首里城を見て、涙しましたが、大きな意味のあるリセットだと受け止めるようになりました。

２０２０年の元旦に、おそるおそる首里城に行って来ました。守礼の門は残っていました。大切な龍の湧水も残っていました。その次の門も残っていました。

そして、全焼した正殿の前の門のところで、王と王妃が立っておられました。

建物は燃えて消えても、文化は消えていない、そしてたくさんの人々が訪れて復興を祈りながら回っている姿に感動しました。焼け跡に残って立っていた龍柱を見てさらに感動して、拡大して写真を撮りました。

レストランも残っていました。思いがけず、お正月の三段琉球料理弁当を美味しくいただいて、料理も文化だとしみじみ体感しました。お土産屋さんも焼け残っていて、可愛い龍のマスコット人形をたくさん買ってしまいました。たくさんの人々で賑わう風景がとてもありがたく思えました。

多くの人々が首里城に関心を向けることで、琉球のエネルギーが強くなり、琉球パワーが復活することになります。

琉球・沖縄のリセットは、地球のリセットでもあります。なぜなら、琉球・沖縄が、地球のへそにあたるからです。

琉球・沖縄の島々が、相似形として日本の島々に対応しています。

そして日本の島々が地球の大陸と、これまた相似形になって対応しているのです。

私も、1999年に東京から沖縄に移住してきて、大切な使命である地球のユートピア活動を琉球・沖縄で行うことになりました。

これから大々的な変革が波のように地球全体に広がっていきます。首里城が燃えたことが、さりげなく大々的なスイッチになったのです。これからびっくりの流れになり世界の人々の思いが一つになってきます。

首里城の場所は、ゼロ磁場のところなので、リセットのゼロ・パワーが発信されます。

さらに、素晴らしい再建がされると思います。そのプロセスの中で、地球の平和への道筋もできていくのでしょう！

世界のウチナンチュー＝世界に沖縄から移住した人々がたくさんいます。

５年に一度、世界中のウチナンチューが沖縄に集まって、世界ウチナーンチュ大会が行われて、ずっと続いています。

今まで、沖縄に来たことがある人々も、ニュースで、燃える首里城を見て、愕然としながら、復興を祈りながら、自分でできることをしようと誓いました。

あっという間にたくさんの寄付金が集まっています。

その人々の意識が集まって、首里城再建の意識と共に、琉球・沖縄からドドーンとパワーが引き出されてくるのです。

本当の自分に戻ると奇跡が起きる！

ゼロ・パワーは、本来の姿に戻す力を持っています。

本当の自分、本来の自分に目覚めると、自分の中のゼロ・パワーとつながって、思いがけないパワーがあふれ出てきます。

子どものときは、親や学校の先生に従い、部活の先輩や顧問の先生、そして社会に出ると、会社の上司に従うなど、自分自身の気持ちを表現する間もなく、まわりの人々に従い流されていく人生のまま来ていませんか?

もしそうだとすると、**ゼロ・パワーは、本来の自分、本当の自分の気持ち＝本音が出てくる**ようになり、いわゆる反抗期が遅めに出てきているかのように感じるかもしれません。

従順な人が、突然人が変わったように、自己主張するようになったら、そんなケースです。まわりがびっくりしますが、本人にとっては、とても大切な変化を迎えて、ゼロ・パワーが働いています。やがては、まわりもその人の本音を理解して、対応できるように順応してくれます。

本音で生きていないと、お腹にいるインナーチャイルドが騒ぎ出します。

怒りが爆発したり、悲しみがあふれて、号泣したりします。感情的に解放できればいいのですが、それが難しいと体で訴えるようになります。

自分の気持ちを抑圧したり、後回しにしたり、それが長く続くと、お腹を中心に不調を訴えるようになります。これは大切なSOSのサインなのです。

まずは、胃腸にきます。そのサインをちゃんと受け止めてあげると、大事に至りません。それでも無視していると、どんどん大きな障害に発展していくので、この本を読んでいるあなたは、ぜひ気づいてあげてください。

実は、体のほうが、表面意識よりも魂に近いのです。

だから、体の反応に気をつけて、観察していると、魂の意向がわかるようになります。気が向かないときは、NOです。気が向くときは、体も前のめりになります。ちょっとしたしぐさなどで、自分の気持ちが分かるようになると、早めに気づくようになって、スムーズに流れるようになります。

本当の自分に忠実になると、内なる宇宙と一体化して、ゼロ・パワーが働きます。本当に奇跡を引き寄せるのです。

膠原病《こうげん》で腎透析をしている若い女性が、「元気になったら看護師になりたい！」という本音を出し始めたら、奇跡的によくなって、主治医は腎透析の次に移植を考えていたのですが、あまりにも彼女の調子がよくて、どんどん透析の回数を減らすようになりました。

常識では考えられないのですが、ゼロ・パワーの発動で、おそらく、腎透析をやめられるようになると思います。

まだ見守っているところですが、**「本音で生きていく決心をする」**と、思いがけないパワーが自分の中からあふれてくるのです。それが自然治癒力（細胞が元に戻ろうとする力）を最大限に活性化して、いつもと違う流れを生み出します。

自分は何をしたいのか、何を体験したいのかがはっきりと分かってくると、びっくりするほどの内なるゼロ・パワーが出てきます。

自分のペースで動き出すので、他の人々の平均値とは違って当然なのです。

世界百名山の写真を撮るという壮大なプロジェクトをチャレンジした写真家、白川義員《よしかず》さんは、撮影の途中でセスナ機がエアポケットに入り数メートル落ちて首と腰を骨折しました。植物人間になりそうでしたが、どうしても最後まで完成させるという強い意志で、リハビリをして、とうとう撮影ができるまで快復して、夢をやり遂げたのです。構想36年、撮影6年の大プロジェクトでした。

決して、「あきらめずに自分で決めること」が大切です。

自分で決めることで、ゼロ・パワーとつながって、発動します。本当に奇跡が起きるのです。

ここが大切なところです。なぜなら、自分の人生は、自分の思いで創っているからです。

特に無謀な計画は、宇宙がルンルンで応援します。応援したくなるのです。

私も沖縄で、ヒーリングスクール、クリエイティブスクール、アーススクールと続けてやってきました。内容はとても斬新《ざんしん》な計画でしたが、みなさんが、ついてきてくれて、自分たちでデザインした花火を打ち上げたり、オリジナルミュージカルを創って発表したり、それは楽しい内容でした。

すべてダメ元で聞いてみて、扉が開いてきました。

「ダメ元で聞いてみる」ということも、とても大切です。

人生すべて思い込みです。マイナスに思いこんで引いてしまいがちですが、自分のやりたい思いを思い切って、ダメ元で伝えてみると、意外にも、するっとうまく通ったりします。

世間一般の平均値に自分を合わせるのではなくて、自分の本当の気持ちに合わせることで、自分の中の宇宙の無限なるゼロ・パワーを活用できるのです。

これを知っておくと、とても日常で便利です。

自分らしい選択や決断をして、どんどん自分の中の宇宙とつながりましょう！

自分の中に無限のゼロ・パワーがあることを知って、それを日々どんどん活用して小さな奇跡を起こしましょう！　それが大きくなって、大きな奇跡を生み出します。

ゼロ・パワーを活用して、人生が楽しく変わります。

「0リセット」は変革のチャンス！

「当たり前」をやめると飛躍する

「無にする」「やめる」という改革で、飛躍的な素晴らしい現象が生み出されます。

教育界で有名なフィンランドの実験があります。

かつて、フィンランドは、子どもたちの学力がアメリカと並んで、世界最下位でした。

ところが、「何かを無くす」という改革で世界一の学力になってしまいました。

何をやめたと思いますか？

答えは、そう、「宿題」です。**これは今までの世界の教育界の常識を無にするびっくりなチャレンジでした。**

子どもたちは、宿題がなくなって、大喜び～。そして、逆にやる気が出て、自主的に勉強して、あっという間に世界一の学力になってしまったのです。

これは、まさにゼロにすることで、多大なパワーがあふれ出た証明のような出来事です。さらに小学校から大学までの教育費をすべて国が支給するという後押しもあって、素晴らしい教育国に発展しました。

今では学力世界一のフィンランド方式を見習おうと、世界中から見学者が絶えないそうです。フィンランドのゼロ・パワーにブラボーです。

まだまだ宿題が当たり前の日本でも「宿題をやめた」先生がいます。

東京の千代田区立麹町中学校長の工藤勇一先生です。

工藤先生は、宿題だけでなく、クラス担任を廃止。中間、期末テストも廃止。体育祭からクラス対抗リレーを廃止。

今までの当たり前の習慣をゼロにする画期的な教育改革を実践しました。

もちろん、子どもたちは、生き生きとよみがえり、成績がぐんと伸びたのです。項目別の小テストで、どこが分からないのかが見えてきました。

クラス担任やテストも廃止したので、先生方のストレスが激減して、先生たちまで生き返りました。

体育祭からクラス対抗リレーという「競争」を無くして、とにかく運動を楽しむという目標にしたら、全校生徒が燃えて、体育祭の最後に歌う校歌のとき、生徒が感動して号泣するようになったそうです。競争するのではなく純粋に運動を楽しめた喜びが込み上げてきたのです。

詳しくは、工藤勇一著『学校の「当たり前」をやめた。』（時事通信社）を参考にしてください。

特別支援学級というシステムをやめた先生もいます。

それだけでなく、校則を無くし、先生たちの残業も無くしました。

不登校ゼロの公立小学校として話題になった、大阪の大空小学校初代校長、木村泰子先生です。

発達障害と診断された子どもたちも不登校の子どもたちも、みんな一緒に学び合って、元気に卒業するという、**分離を教えない、むしろ、一緒に交ざることで、社会に出ても自分と違う人々を差別しない、分離しない習慣が身についていきます。**

大空小学校のドキュメンタリー映画『みんなの学校』の予告編を見ただけで、泣けてきました。この本の編集者の野島さんもこの映画を見つけて観たら、ずっと感動で涙が止まらなかったそうです。

発達障害の子どもたちや不登校の子どもたちが一緒で、学力は大丈夫かしらと心配になりますが、なんと、全国一の秋田県を上回ることもあるほどの学力の高さだそうです。子どもたちが自由に授業中でも先生に質問ができるので、どんどん勉強への意欲が増すからです。木村先生は、定年退職されて、全国で講演されています。

見つけたら、ぜひ直接話を聞いてみてください。映画も観てください。

これから、日本の教育をどんどん変えていく必要があります。

不登校児が増えているのが、その警鐘だと思います。学校を楽しく変革しましょう！

当たり前と思ってきた制度をどんどん止めて、先生も生徒も楽しくて、わくわくする学校を創りましょう！

学校自体をゼロ・パワーあふれる魅力的な楽しい場所に変えれば、みんな喜んで学校に行きます。

不登校という言葉が消えます。

問題児という言葉も消えます。

楽しい個性的な学校だけが残ります。

「我慢すること」「人に合わせること」をやめる

私自身、今回の人生で、「無にすること」で大きな自由を得たことがないかを振り返ってみたら、ありました。

「我慢すること」と**「人に合わせること」**をやめたことです。

言い換えると「自分に忠実になること」です。

2020年の自分の目標として、書初めに「自分を生きる」と書きました。

書いていて、とても気持ちよかったです。

「自分を生きる」ためには、たくさんの我慢をゼロに、たくさんの「いいわよ」を「ごめんなさい」に、たくさんの「NO」を言うようになりました。

ずっといい子でいたので、親や先生や先輩など、いろんな人に合わせて、いろんな人の期待に応える自分を演じてきました。我慢して、自分を抑えて泣いてきました。

そのうち、インナーチャイルド=本当の自分=本音が怒りだして、感情が何度も爆発して、潜在意識にたまっていた怒りや悲しみ、自己否定、自己嫌悪、罪悪感などの感情を大解放しました。どんどん解放して、すっきりして、そのうちに、「あるがままの自分」のスタイルになりました。

今ではやりたい放題し放題の生き方を貫いています。

とても楽で、幸せな気持ちを維持できています。

あなたもそうなりたいですか？

それで、この本を手に取ったのかもしれませんね！

まずは、あなたにも、ゼロにしたい習慣や考え方がありますか？

我慢して、いい子を演じていませんか？

まわりの人の期待に合わせて、自分を抑え込んでいませんか？

もし、すぐにこれだというものがあったら、それをやめると決めてください。

今すぐに決めましょう！

必ず、日々の気持ちが軽く、楽しくなってきます。

もう一つ、潜在意識から浮き出てきたら、それもやめると決めてください。

どんどん芋づる式に、解放が続いたら、その調子で、やめまくりましょう！

新しい明るい自分が大好きになって、いつの間にか、自分のことが嫌いだった気持ちが、真逆の自分大好きになっています。

本当の自分ではないエゴという「偽りの自己」がモンスターになっていたら、ちょっと手ごわいかもしれません。少しずつ解放しましょう！

だんだんと**本来の自分、本当の自分になってきて、ニュートラルなバランスのとれた不動心＝ゼロポイントの自分が表に出てくるようになります。**

穏やかで、落ち着いた、にこやかな自分が登場して気持ちのいい人生になります。

「自分を生きる」感覚が戻ってきます。

自分もまわりの人々も、お互いの好き嫌いを尊重できるようになります。

好きなもの、好きな人は、今の自分に必要なのです。

嫌いなもの、嫌いな人は、今の自分に必要ないのです。

自分の本音に従って、シンプルに生きてみましょう！

自分らしくないものをゼロにしましょう！

嫌いなものや人をゼロにしましょう！

人間関係で、苦手な人がいたら、アロマのグレープフルーツを活用してみましょう！

グレープフルーツ・マジックが面白いように効いてくれます。

自分も嗅いで、相手にも嗅いでもらって、直接でも、ちょっと早く出社して相手の机に振りまいておいて、できる範囲でやってみましょう！

さわやかな香りと共に、素敵な流れに変わります。

自分を中心軸に戻して「動じない自分」になる！

身体の中心「丹田」とは

ゼロは、本来の自分の中心でもあります。

「丹田」という言葉を聞いたことがありませんか？　気功や武道の世界で、気のエネルギーが集まり、蓄えられる場所（身体のエネルギースポット）といわれています。

この丹田を意識して自分を中心に戻すと、何が起きても動じない、まさに「不動心」になれます。

自分を中心軸に戻す（センタリング）ことで、地に足がついて本来の落ち着きと安定を取り戻せるからです。

丹田の場所はどこかというと、「臍下三寸《へそした》」（一寸は約3センチ）の位置と知らされてきました。

ところが、「愛茶氣道」のワークで、本当の丹田の場所は違うことがわかったのです。

愛茶氣道とは、大親友のパーカー智美さんが24年間合気道を続けてきて、それを日常に役に立てるために独自に考案した分かりやすい教えです。

「愛」を込めた、「茶」の心＝みんな平等、「氣道」＝うまく氣を使う人生を導くという意味です。

とても簡単なワークで、氣がどんなふうに自分に影響しているかが体感できます。

そこで、今まで知らされていた丹田の位置が、臍下三寸よりも実際は、ずっと下のほうにあることにびっくり！　といっても、身体の場所ではなくエネルギー領域での話ですが、あえて身体の位置を表現してもらいました。

「女性なら子宮の中心、恥骨の奥の場所、男性なら大事な場所です。丹田を意識すると、びっくりするほど、私たちは不動心になれます」

丹田を意識して、動じない自分になりましょう！

胸を軽く手で押すことで、その人の不動心の状態をチェックします。

正しい丹田の位置を意識しただけで、びくともしなくなります。ゼロ・パワーとしっかりつながるのです。

自分のまわりにプラスの氣を発してみませんか

もう一つ、愛茶氣道のワークで、びっくりしたのが、「ハンカチのワーク」です。

いつも使っているハンカチをぞんざいにポンと投げるだけで、そのハンカチを持つと簡単に揺らぐのです。

ところが、そのハンカチに「ごめんなさい、今のは実験だったの、いつも役に立ってくれてありがとう！」と心から謝罪すると、同じハンカチを手に持って、不動心のチェックをすると、身体が不動心になって揺らがなくなります。

これにはびっくりしました。

いつも使っている物にも意識があり、それを大切に扱うと自分にとって、応援のエネルギーになり、粗末に扱うと、マイナスのエネルギーになってしまうのです。

あまりにも簡単なことなのですが、自分で体感すると、日常がすっかり変わります。

水を入れたコップもドンと置かず、丁寧に愛を込めて置くとその水を飲んだときに、自分にプラスの氣が流れるのです。

万物すべてを尊重するようになります。

これは、かなりゼロ・パワーの神髄につながっています。

愛を込めること、心からの謝罪が、ちゃんと人にも物にも伝わっていることを実感できます。

祈りが本当に通じていることも愛茶氣道で確かめることができます。

氣＝エネルギーです。

それは肉体の目には見えませんが、愛茶氣道を通じて体感できます。

私が、クリニックで愛と笑いの過去生療法のときに必ず行うヴォイスヒーリングをリラックスしてやっているときに、胸を押して不動心かをみました。

まず、パーカーさんが手で押しても微動だにせず、そのあと5人の人が同時に押してもびくともしませんでした。自分でもびっくりして、**自然体で愛を込めてヴォイスヒーリングをしていますが、そのときに氣が充満していることが証明**されてとても嬉しかったです。

思いがけない天からのプレゼントのようでした。

それからも、安心して、ヴォイスヒーリングを続けています。

愛茶氣道をやっていると、人間関係の氣の流れも感じられるようになります。
どんな氣を発しているかで、その場の空間の波動を一気に変えることができます。
何もないように見えて、すべてが存在しています。
氣＝エネルギーも肉体の目では見えません。
愛も言葉や行為でしか目には見えません。
でも感じることができます。
だからゼロは無ではなく無限なのです。

自分の人生の中心に自分を置きましょう

次々に起きる現象をどうとらえるかで、展開が、次の流れが変わります。
マイナスにとらえると、マイナスに流れます。
プラスにとらえると、プラスに流れます。
不安で受け止めると、どんどん不安になります。
面白いと受け止めると、もっと面白く楽しくなるのです。
あなたは、どちらを選びますか？

この本に出会うということは、きっと面白くて楽しい流れを選んでいます。おめでとうございます！

読み進むにつれて、どんどん人生のしくみや宇宙のしくみが分かってきます。

ゼロ・パワーの秘密を書いたのは、この本が初めてです。

思い込みを変えることは、診療、セミナー、講演会や本の中で、繰り返しおすすめしてきました。皆さん、自分の思いで、現状ができていることに気づいていません。過去の自分が思ったことがそのままに継続しているのです。

発達障害、学習障害があるから勉強ができない、というお子さんも、何歳かの時点で、自分はバカだと決めたことがあるはずです。そして、インタビューしてみると、いくつでそう思ったかを覚えています。それを「自分は天才だ！」と思い込みを変えればいいのです。あっという間に学習障害がなくなって、行きたかったら、大学まで行ってしまいます。アメリカで、実験されています。本人が一番びっくりすると思います。思い方を変えるなんて思ってもみなかったでしょう！

誰かから言われたからではなく、自分がそう思ったら本当にそうなるのです。

自分次第です。きっかけは他の人であっても、それは違うと思わなかった自分があります。同じように思ったら、そのようになるのです。一人でも自分をしっかりと認めてくれる人が家族にいたら、それが影響して、自分でも自分を認めることができるかもしれません。

どうせなら、「私は天才〜！」と思い込みましょう！　思うのは自由です。

何度も繰り返し言ってみることで、それが新しい自分への思い込みになります。

この**自分が自分をどう思っているかが、大事な自分の人生の中心になります。**

自分を嫌っていると、周りの人も自分を嫌います。自分を気に入っていると周りの人も気に入ってくれます。自分をどう思っているかが、そのまま人間関係に映し出されてしまうのです。

自分はダメだと否定して、自己否定の思いが強いと、周りの人々も、お前はダメだと否定します。罪悪感を持っていると、かなりのバッシングを受けてしまいます。

自分を自分がどう思っているかを、ここで振り返ってみて感じてください。

とても大切なことです。自分を嫌ったままでは、友達はできません。自分を否定しているからです。

自分を抱きしめて、「大好き」「よく頑張ったね」「あっぱれじゃ」とほめてあげましょう！

これがしっかりとインナーチャイルドの癒しになります。人間関係が一気によくなります。

まずは試してみてください。

日々の生活が全く変わってきます。

自分のことを認めていて、大好きで、寝る前に必ず、「今日もよく頑張った、よかったね！」と確認してから寝ると、ぐっすりと気持ちよく眠れます。

寝起きもすっきり、素敵な朝を迎えることができます。

今日もいい日になる～楽しみ～と思ってにっこり笑うようにしましょう！

本当に素晴らしい一日を迎えることができて、ますます自分を肯定して受け入れることができ、周りの人にも自分と同じように気持ちよく接することができてきます。

「今」がゼロ・パワー発動のベストタイミング！

地球も日本もリセットの時期を迎えて

ちょうど、**日本も元号が新しく「令和」になって、リセットされました。**

令和も零＝ゼロとつながります。

新天皇が即位の儀式のクライマックスである大嘗祭《だいじょうさい》を終える瞬間から、本格的な「令和」の時代が始まったのです。

今まで、中国の古書から選ばれた元号が、日本の万葉集の梅をめでた歌から選ばれるようになりました。元号も本来の日本らしさにリセットされました。

飛鳥時代からずっと続いてきた、神とつながる神聖な儀式の大嘗祭が無事に終わりました。感無量です。

これから、純粋な日本が始まります。

今、ちょうど地球もリセット真っ最中なのです。

地球がゼロポイントに置かれています。

斜めに傾いている地球の地軸が変わるという、大イベントなのです。

2万6千年周期に来る、地軸変動というリセットなのです。

前回の2万6千年前は、アトランティス大陸が沈みました。そのとき、過去生の私はローズという女性で、ヴォイスヒーリングをしながら、一緒に沈んでいく人々が少しでも不安や恐怖が和らぐように、愛を込めた即興の歌で「アマウツシ」(内なる宇宙の根源から情報をもらうこと)をしながら光に帰りました。

今回は、多くの人々の意識が一瞬で変わるお手伝いができる、本という手段で、大きなリセットのハイライトの2020年に、感謝を込めて書いています。

いろんな異変は起きています。異常気象も、あちこちでてんこ盛りです。

サウジアラビア、エジプト、レバノンに雪が降り、ミニ氷河期到来かといわれています。

イランとブラジルに大洪水が起きています。

沖縄でさえ、2月なのに28度もあって、半袖のワンピースを着て、クーラーかけて、おでんを作るつもりが暑すぎて、冷そうめんを美味しく食べています。

アマゾンの熱帯雨林も激しく燃えました。

オーストラリアの森林も燃え続けました。

それでも、自然は淘汰《とうた》されながら、よみがえっています。緑が芽吹いているのです。

これも**自然界のリセット**です。

素晴らしいユートピアの世界へのプロセスが綿密に計算されているのです。

ちょうど、この無限のゼロ・パワーの本が出るのも、もちろん決められていたと思います。

そして、今ベストタイミングに、このリセットの時期を迎えています。

ゼロ・パワーの発動で、ベストタイミングに夢が叶う！

先に解説したように、人生は自分の思いでできています。思いに反応して、宇宙が思いを実現させるための様々なことを提供してくれるからです。

私たちは思うだけで、望むだけで、無限の内なる宇宙からあらゆるものが引き出されて、ベストタイミングにこの世に登場するのです。

内なる宇宙の根源こそ、ゼロ・パワーの源といえるかもしれません。

ゼロ・パワーの発動で、ベストタイミングに夢が叶います。

私の大好きな「魂のピアニスト」と称されるフジコ・ヘミングさんは、29歳でデビューのリサイタルを前に高熱で聴力を無くされ、チャンスをのがしました。文字通りゼロになったときから苦節40年、世間に知られて大ブレイクしたのはテレビのドキュメンタリー番組に紹介されたのがきっかけです。

60代後半のときに出したファーストアルバム『奇蹟のカンパネラ』は、クラシック音楽では異例の大ヒットとなりました。

今ではなんと80代後半にして、2か月の間に12都市、18本のコンサートで喝采を浴びる人生を謳歌《おうか》しています。デビューのタイミングが40年もずれたことで、晩年の華々しい世界的なピアニストになりました。

40年もずれたのは、きっと彼女の魂さんがハードルを高くして、もっと素晴らしいピアノの響きを生み出すために、強烈なリセットをして、たくさんの試練を乗り越え、40年後にゼロ・パワーをくみ出すように計画したのだと思います。

彼女にとって、ゼロ・パワーの発動は、40年後がベストタイミングだったのです。よくぞ待ち続けましたね。

そして、何よりも決してあきらめないで、ずっと難曲の『ラ・カンパネラ』を弾き続けていたからこそ、ドキュメンタリー番組で取り上げられたときに、さっと弾けたのです。

ピアノ教師になると、自分は弾かずに、教えるだけに集中してしまうことが多いからです。

いつでもデビューできるように、生涯現役でいることが大切です。

引退は、あの世に帰ってからにしましょう！

あなたにも、やりたい夢があったら、あきらめずに、やり続けましょう！

必ず、最高のタイミングが用意されています。


ゼロ・パワーは、今までの行動パターンを大きく変えると奇跡を引き寄せます。

ちょうど、ＹｏｕＴｕｂｅの動画で、ぴったりの例を見つけました。

ずばり、フジコ・ヘミングさんの『ラ・カンパネラ』に関係しています。

佐賀の徳永義昭さんという海苔《のり》漁師さんが、ずっと趣味がパチンコだったのですが、大幅に負けて、２か月で70万円も負けたことで目が覚めました。

他の趣味を始めようと決心したら、テレビで、フジコ・ヘミングさんの『ラ・カンパネラ』という超難曲のピアノ曲を聴いて、「これがいい、この曲を弾けるようになりたい！」と強く思ったのです。

それが52歳のときでした。奥さんがピアノの教師で、家にグランドピアノがあったのです。

無謀な計画を聞いた奥さんから「私でも弾けなかった曲を譜面も読めないあなたが弾けるわけがないわ！」と全面否定されて、かえって男の意地がむくむく湧いてきました。フジコ・ヘミングさんの『ラ・カンパネラ』の動画を少しずつ見て、止めては確認しながら指の位置を覚えて、毎日7時間もピアノの練習をしたそうです。

3か月で、全部の指使いを覚えて、7年間ですっかり弾けるようになりました。

全面否定していた奥さんが、びっくりして認めてくれるようになりました。

いろんなコンクールで賞をもらうようになり、とうとう夢を叶える明石家さんまさんのテレビ番組に妹さんが応募して、見事に当たりました。

なんと、フジコ・ヘミングさん本人の前で演奏したのです。

まさに、奇跡でした！

行動パターンを変えると決心して努力を重ねれば、奇跡を引き寄せます。

フジコさんも、「ここまで弾けるなんて思わなかったわ！」とびっくりされていました。

「もっとこうやって、美しい音にするといいわよ〜」と思わず最後のフレーズを自ら弾いて指導してくれました。さらに、「海苔のお仕事をやめたらいいのに〜」とすごいことをつぶやいていました。

「何事も努力すればできる」ということを示してくれた素晴らしい体験でした。

普段の生活が大切なので、そのまま表に出てくるからです。

詩や文章などの作品を発表したい人は、毎日書いてみましょう。本をたくさん読みましょう。

絵で表現する人は、絵を描きましょう！　美術館に行きまくって、好きな作品が見つかったら、それをじっと見続けて、吸収することです。とてもいい影響を与えます。

その習慣をずっと続けていると、やがて、ゼロ・パワーが発動して、ベストタイミングに夢が叶います。

どんどん自分の内なる宇宙に、好きだと思った人の宇宙の一部を入れましょう！　それが自分の中の同じようなエネルギーを引き出して、作品になっていきます。

他の人の素敵な世界観、宇宙に触れて、気に入ったら、取り入れていきましょう！

その努力が蓄積されて、発酵して、熟したときが、ベストタイミングなのです。

あなたのベストタイミングは、あなたの魂さんが知っています。瞑想《めいそう》して、直接聞いてみましょう！　直観で教えてくれます。

ベストタイミングの兆しは、いろんなことがトントン拍子に進むときです。

人とのつながり、楽しい発展的な会話、面白い情報、すべてが奇跡的に集まって、ベストタイミングを促します。

婚活中の方も決してあきらめないでください。女子力を磨いて、教養を高めて、好きなことを生き生きとやっていると、その輝きに惹かれてくる方が現われます。

お食事に誘われたら、そのあとの流れも考えて、勝負下着をちゃんと身につけておきましょう！　いつでもチャンスが訪れます。

常におしゃれをして、輝いていてくださいね！

魅力はそこから出てきます。楽しくて、可愛くて、話が面白い自分でいましょう！　内なる宇宙の根源にすっとつながるように、おめでたい自分でいましょう！　そうすれば、いつでも婚活、恋愛、ベストタイミングです。

キラキラに輝くすてきなあなたにブラボーです。

では、第2章のゼロ磁場の話を楽しんでくださいね！

パワーアップしますよ～。

第2章

「ゼロ磁場」を活用する

ゼロ磁場ってどんな場所？

ゼロ磁場で本来の自分を取り戻す

ゼロ磁場という言葉を最近よく聞くようになりました。

パワースポットのことでしょうか？

レイラインとは、どう違うのでしょうか？

ゼロ磁場とは、地球のツボ（経穴）、氣が出入りする場所です。氣場とも呼ばれていますが、ゼロ磁場のほうがわかりやすいです。

プラスとマイナスのエネルギーがぶつかって、ゼロになるところは、エネルギーが強いのです。

大きなエネルギーがぶつかり合って、拮抗して動かない状態です。

ちょっと、相撲《すもう》を思い出してください。

お互いの力が互角のとき、力士たちは動きませんが、ものすごい力が働いていて、その場のエネルギーはとても高くなっているのです。

行司さんが、「はっけよい、のこった、のこった」と動かない力士二人がまた動き出すように促す声掛けをします。気分を高めて、全力勝負せよという「発気揚揚《はっきようよう》」がつまった言葉だとされています。

まさに、氣＝エネルギーを発して、揚揚と高まる感じです。

エネルギーが高いところが、いわゆるパワースポットです。

パワースポットは、ゼロ磁場にあるのです。

神社、お寺、教会など、祈りをする場所もゼロ磁場にあります。

私たちの直観で、自然にパワースポットを選んでいるのです。

エネルギーの高いところをレイラインともいいます。

レイラインは、龍の本のときに登場しました。自著『龍を味方にして生きる』（廣済堂出版）です。ピンときたら、こちらも読んでみてください。

レイラインのレイは、零、令、霊などと、音が一緒です。

ゼロ磁場をイメージすると、光のすじが地球上に浮き出てきて、光のネットワークが網状になって、美しい光のレースのようです。

私たちは、光の世界で退屈になったので、この世に来ているのですが、不自由な三次元でいろんな体験をしている間に、本来光だったことを忘れてしまっています。

そんなときに、光を強く感じるゼロ磁場に行くと、自分の中の光が反応して、ピカーッと輝いて元気になるのです。

ビビビーンと強く感じたときに、まるで電気が走るかのように、本来の自分を取り戻して、「あら、私って、こんなにパワフルだったのね〜」と元気百倍になります。

地球は北極にN極、南極にS極があって、磁石のように磁力が幾筋も流れて地球を覆っています。地球の中で、鉄が液体状になって、対流して磁力が発生しています。

人でいえば、頭頂部の第7チャクラと尾《び》てい骨の第1チャクラをつなぐように、両手で弧を描いてみるとわかりやすいです。

同じ場所で、立って、両手を回しながら、少しずつ身体を右回りに回って一周してみましょう！　自分の中の磁力が幾筋にも連続して弧を描くことで、磁力のリンゴ＝トーラスができます。

手から氣が出ているので、ドラゴンボールのように、ヒューマンボールができ上がります。氣が巡って、エネルギーが高まり、自分のまわりの磁場も強くなります。肩も回すので、自然に肩こり解消にもなります。

慣れてくると、意識で一瞬にして、ヒューマンボールがつくれます。磁力が幾筋もあつまると、全体にリンゴのような立体になり、それをトーラスと呼んでいます。

実際は、地球が太陽系にあって、太陽の磁力や他の惑星の磁力の影響も受けています。特に最近は、太陽の磁場が変化していて、大量の磁力線が地球にも降り注いでいるので、とても大きな影響を受けています。

2万6千年の周期で、太陽系が大きく変わるときが、まさに今なのです。地球も地軸が動いています。今までは三段跳びで変動していましたが、今回は新たな宇宙の試みで、小刻みに変化して影響を最小限にしようとしています。

よって今回は、大陸が浮き沈みするほどの大きな変化はなく、比較的穏やかに変わります。それに伴って、ゼロ磁場も氣の出入りが激しくなり、人々への影響がとても刺激的です。刺激を好む人には、たまらなく魅力的な時代です。

「そこよ、そこ〜、わぉ〜刺激的でいいわ〜」と言いたくなります。

ゼロ磁場の上に神社やお寺が自然に建てられていますから、直観で行きたくなったところが、今の自分にとって必要なゼロ磁場です。そこへ行くと、自然にいい形でリセットができたり、パワーアップできたり、必要なインスピレーションが湧いてきたりします。

地球の細胞「クリスタル」からエネルギーをチャージ！

私が今大好きなゼロ磁場は、沖縄本島の最北端にある「大石林山《だいせきりんざん》」です。アジアで一番のパワースポットとされています。

私は、「大好き林山」と呼んでいます。語呂合わせがとてもいいので気に入っています。

カルスト地形で、たくさんのソテツと大好きなガジュマルの樹があります。

パワフルなクリスタルのカルサイトの鉱脈です。

カルサイトの鉱脈が表に出てきて、直接触れるところがあります。

そこは、寝転がることもできて、つい横になって全身でカルサイトのパワーをもらいたくなります。カルサイトのほうも意識を持っていて、話しかけてきます。

「わ〜〜〜啓子ちゃんが来た〜嬉しい〜今日も横になってパワーもらってね〜」

そして、カルサイトのベッドに横になると、カルサイト鉱脈からのパワー、そして大地のパワー、さらには地球の意識体の女神テラからの優しく力強いパワーをズンズンと感じます。しっかりチャージできたら、自然に起き上がって、次にチャージする人に譲ります。

私が気持ちよくチャージされている姿を見て、自分にもチャージが必要と感じた人がちゃんと並んで待っています。

カルサイトは、とてもパワフルなクリスタルです。そしてクリスタルは地球の細胞です。

私は、クリニックで愛と笑いの過去生療法をしていますが、クリスタルを活用して患者さんの両手に渡して、癒しと活性化の両方のパワーを感じてもらいます。

感情のブロックがあると、クリスタルが吸い取ってくれるので、とても心が軽くなります。

癒しだけでなくクリスタルの色と同じ光の色が、エネルギーセンターから引き出されて、その光に包まれます。

クリスタルは地球の細胞なので、地球に癒されているのです。

つまり、地球は、大きなクリスタルボールでもあります。

クリスタルボールに、北極と南極があって軸が傾いています。その軸が今さらに動いて、磁場が揺れています。もちろんゼロ磁場にも大きな影響があります。

地球が大きく変動して、エネルギーのリセット、まさにゼロ・パワー自体も大きく変わる時期なのです。

これを不安がらずに面白がることが最高のリセットになります。どうぞ一緒に面白がってください。砂漠に雪が降ったり、スキー場に雪が降らなかったり、いつもと違った景色が展開しています。まさに大きな変動の時を迎えています。

ゼロ磁場はどんなところ？

ピンと感じるところは、あなたのパワーが開く場所

ゼロ磁場について、どんなところにあるのかを具体的に解説しましょう！

まずは、ゼロ磁場で最初に有名になったのは、長野県の**分杭峠**《ぶんぐいとうげ》です。

こちらはまだ自分で行ってみていないので、感想は言えないのですが、行ってみた友人の話では、坂道でパワーが強いかと思ったら、優しい穏やかなエネルギーだったそうです。

もう一人の友人にも聞いてみたら、

「最初のときは、人もまばらで深い緑に包まれている感覚で、地球の中心に還《かえ》っていく不思議な感じでした。ここから生まれてきたというか、深い森の中だけど、空が抜けていて空間が空いていているような。山の斜面に寝転びながら、深い部分まで空気が通ったのを覚えています」

分杭峠は、標高1424mで、中央構造線（フォッサマグナ）の谷の中の分水界にあたります。二つの地層がぶつかり合っているところです。エネルギーが凝縮されたパワースポットです。

最初に注目されたのは、1995年です。工学者の佐々木茂美という方が中国の気功師の張志祥さんを案内したら、「ここは、中国最大のゼロ磁場の蓮花山《れんかざん》に似ている～世界有数のパワースポットだ！」と認めてくれたことで有名になりました。2009年にテレビで取り上げられて、さらに有名になり、人々が集まるようになりました。

ゼロ磁場の場所は、林道の下にある柱の木の付近で、林道の奥の水場にも人が集まってきます。人が多くなってきたので、駐車場からシャトルバスが出るようになりました。10分くらいで着くそうです。ちょうど木材でできた階段があって、そこに座って、しばらくの間パワーを感じてみます。

磁石のコンパスを持って行ったら、大きく揺れて回るそうです。ピンとくる方は、行って体験してみてください。

同じ長野で、おすすめのゼロ磁場は、御柱祭《おんばしら》で有名な**諏訪大社**です。

こちらは、何度も訪れたことがあります。あとで解説します。

そのほかにも、ゼロ磁場として、有名なのは、なんといっても**伊勢神宮**です。

そして、島根の**出雲大社**、和歌山の**高野山**、静岡県と山梨県にまたがる**富士山**です。沖縄には、**大石林山**、**大神島**、**首里城**などのゼロ磁場があります。

以前は、斎場御嶽（セイファーウタキ）や久高島もよかったのですが、かなり観光化してしまいました。

ピンと感じる方は、その場所に縁がありますから、パワーがまた開くように祈りに行ってくださいませ。

龍とゼロ磁場の関係

沖縄で最大のゼロ磁場は、今のところ、最北端にある大石林山です。名前の通り大きな石があるところです。湧水があるところも波動が高いです。エネルギーがぶつかり合うところもゼロ磁場です。大石林山は、多面的なゼロ磁場です。

どんどん新しいパワースポットが、必要に応じて現われています。

大石林山のスピリチュアルコースで、最初に出会うのが、すり鉢状の底にあたる水の祈り場所です。そこで祈るとブルーの光の玉の写真が写ることがあります。水の精霊がご挨拶してくれるのです。もちろん、そこには青龍がよく来てくれます。

緑龍が合流することもあります。

緑色の帯状や扇状の光が写真に写ります。

最近、初めてピンク龍の帯状の光が撮れて、感動でした。

ピンクが大好きな私にとって、ピンク龍は自分自身のように感じます。龍の本の表紙も花をたくさん付けたピンク龍です。

令和の時代になって、龍がとても活躍しています。

ビュンビュン飛びまわっていて、私たちの声かけを待っているのです。

龍とゼロ磁場は、とても関係が深いです。

龍は天と地をつなぐ存在なので、ゼロ磁場のエネルギーとつながって、上手に飛びまわりながら、エネルギーの方向を調整しています。

地球の地軸が変動する今のタイミングには、あの手この手が必要なので、日本のたくさんの龍たちが大活躍しています。

ゼロ磁場を見ると、いろんな次元に龍が関係していることがわかります。

龍がたくさんいるところが、ゼロ磁場です。

琉球・沖縄、日本、台湾、ブータンなど、龍の多い場所がゼロ磁場の中心です。共通して感じるのは、寛容でエネルギーが優しく、波動が高いところです。

ゼロ磁場で再生パワーを引き出す

燃えた首里城の場もゼロ磁場

琉球・沖縄の首里城が燃えたことで、龍の総本山に火がついて、最大に活性化しました。龍が34個も表現されていた正殿が全焼しましたが、象徴的な龍柱は焼け残っていました。

令和2年の元旦に、思い切って首里城に行ってきました。

まさに神技としか思えない見事な燃え方でした。

守礼の門も、大事な龍の湧水も、正殿の手前の門まで無事でした。そこに王と王妃が素晴らしい刺繍《ししゅう》の真っ赤な衣装でお出迎えしてもらえて、感動でした。

琉球は大丈夫だと、しみじみ思いました。

11月3日のイベントで行う中国にへりくだった儀式は、見事になくなりましたが、お正月のイベントはちゃんと行われていました。

令和の新元号に中国色がなくなり、日本自身の万葉から生まれたように、首里城も琉球そのものに、再構築されるかもしれません。

実は、**首里城の場所も石灰岩でできていて、豊富な地下水が支えている、とてもエネルギーが強いゼロ磁場です。**

もっと多くの人々に首里城に来てほしいです。ゼロ磁場のパワーを受け取って、共によみがえっていきましょう！

燃えてしまったのに、元旦に多くの人々が集まっていたことに感動しました。

いつでも行けると思って訪れたことがない沖縄の人々も、ぜひ行ってほしいです。

令和2年の最初の診療日に、首里城のすぐ近くに住んでいる家族が診療に来てくれました。息子さんの病気の件で、愛あふれる家族が総出で、彼の人生の謎解きをするためにいらしたのです。

首里城に深くかかわる魂さんでした。

実は、首里城が燃えたのは初めてではなく、なんと5回目なのです。

最初の火災は、１４５３年に起きた王位継承を争う内乱で全焼しています。そのとき、彼は首里城の役人で、なんとか火災を食い止めようとしたのですが、全焼してしまいました。その光景を見て、深く罪悪感が残り、今回の人生で首里城のすぐ近くに生まれ育って、

5回目の首里城の火事のときに、なんとか最小限にくいとめようと、身体を張って、水代謝の病気になったのでした。

すぐ近くでも自宅からは首里城は見えず、ちょうど入院していた病院の病室からしっかりと燃える首里城が見えたそうです。

潜在意識にたまった罪悪感を、しっかりと沖縄の伊集《いじゅ》ぬ花の香りで解放して、リセット再生パワーを彼の内なる光から引き出しました。みるみる顔面蒼白だった青白い顔に赤みがさしてきて、目がキラキラ輝き始め、よみがえりの兆しが見えてきました。

ちょうど、その日の私のファッションが、首里城にそっくりの朱色の着物と紅型《びんがた》の帯をしていたのですが、彼のお父様も同じ朱色のトレーナーを着ていて、色合いが見事にハモったので、びっくりでした。

患者さんは、解放される時代にぴったりの衣装を身につけて来ます。お父さんも、首里城の時代に息子が役人のときの部下だったので、ちゃんと衣装で参加していました。

ゼロ磁場で過去生を解放する

実は、私も過去生で第一尚氏の尚徳王の時代があります。歴史的にはあまり評判が良くなかった王様のようです。久高島の神女《カミンチュ》にはまって、首里城に帰らなくなったり、前王の重臣だった金丸《かなまる》に反対されたのに、喜界島を制定したり、そのためクーデターが起こり、一族皆殺しにされて、金丸が尚円王になりました。

全く血のつながりがないのに、尚の名を継続して、第二尚氏をつくったのです。

十数年前に、本土からある女性が現われて、「私は過去生で金丸でした。お詫びを言いにきました。申し訳なかったです」と謝られましたが、そのときは、まだ私の表面意識が目覚めていなかったので、ピンときませんでした。

今回その時代に自分側の役人だった魂さんが、患者さんとして来院してくれたおかげで、その時代の光景がやっと思い出されてきました。

重臣の策略によって、王座を奪われ、家族を皆殺しにされたことが思い出されました。今頃遅いと思いつつ抑えきれない思いが爆発して、この本に表現しています。まさかの自分自身の謎解きが始まって、身体のあちこちに痛みが出てきては消え、激しい解放が起きています。

「伊是名島《いでなじま》にまだ行ってないのですか？　ぜひ行かなくては～」とスピリチュアルな友人に言われて、そういえば行ってないと思いながら潜在意識は躊躇しています。金丸の故郷だから行きたくないのだと、今ならきっぱりと自分の気持ちを表現できるかもしれません。

２０１９年の12月20日に、オリオン大戦の終結の映画『スター・ウォーズ　スカイウォーカーの夜明け』を臨場感あふれる３Ｄ４ＤＸで見て、２０２０年の元旦に、首里城のゼロ磁場に、映画を見た仲間たちと思い切って行ってみました。

オリオンから来た巨大な母船の一艘は、首里城のあるゼロ磁場に降りたのです。他の一艘はエジプトだったと思います。もう一艘は、インドだったようです。

それぞれの船長たちも今生《こんじょう》に生まれ変わっています。今生は女性です。

この時代に合わせて、オリオン大戦を終結するために、生まれ変わってきました。本当にびっくりです。なぜわかったかというと、クリニックで行っている愛と笑いの過去生療法のおかげです。

最初は過去生のイメージが出てきただけでもびっくりしていましたが、最近は宇宙ものが多くなりました。これも最初は抵抗があったのに、もはや慣れてくると、「ああ、また宇宙関係ね〜」と動じなくなりました。とんでもない過去生の解説をしても、ご本人がやっぱりと納得してくれるので、安心感があります。

これも私にとっての「魂の通訳」としてのお役目の醍醐味《だいごみ》だと今では割り切って楽しくやっています。

ゼロ磁場で地球意識テラとつながる

大神島もゼロ磁場

宮古島の最北端にある大神島もゼロ磁場です。

ご縁があって、大神島に十数回も通っています。今では島民の皆さんとすっかり仲良くなって、必ず、愛と笑いのミニ講演会&ワークをするようになりました。そして、遠見台で平和の祈りをするのが素敵な習慣になっています。

2020年の1月11日の11時11分に、遠見台のすぐ下の拝み場所で仲間と一緒に平和の祈りをしっかりと上げることができました。

アマテラスのマントラを3回唱え、トホカミヱヒタメの祝詞《のりと》を唱え、オオカミの遠吠えもしました。

龍の応援のおかげで、天気も最高でした。青空に優しい風が吹いて、春爛漫《らんまん》のようでした。

遠見台で見える360度の海は最高の景色です。そこで平和の祈りをすると、世界中に祈りのパワーを響かせることができます。

平和の祈りをしたあとに、大神島のコミュニティセンターで、島の人々と交流会をしています。

ちょうど一緒に行った仲間の中に介護施設で働いているお年寄り大好きな米田ひとみさんが、楽しく懐かしい歌を歌ったり、カァキダコ（燻製《くんせい》タコ）の作り方を「浦島太郎」の替え歌を作って大爆笑になったり、大いに盛り上げてくれました。

そのあと、「苺《いちご》の妖精で〜す」と苺を配りながら苺ファッションの私も登場しました。

元旦に訪れた場所の写真を紹介しながら、首里城、大石林山、大神島などがゼロ磁場であることを熱く語りました。

大神島は、首里城と同じように地下水に恵まれて大きな水瓶を抱いています。

船から降りると、優しい女神のエネルギーを感じる島です。

そのエネルギーが地球の中心の意識テラと同じ周波数のように感じます。

私たちは、大きな愛のテラという地球の意識に守られています。

この美しい地球という星の上で、様々な体験ができているのも、テラの愛のおかげです。

つらいことも悲しいこともどんな体験も実は、自分の偉大なる魂さんがプログラムして体験できるようになっています。

すべてはうまくいっているのです。

ゼロ・パワーの強い大神島でも、皆さんと一緒に「すべてはうまくいっている」を唱えながら、横歩きをするカニ踊りをして交流会を終えました。

神の島に宿る言霊パワー

第1章で紹介した愛茶氣道のパーカー智美さんと一緒に大神島に行って、愛茶氣道のワークをしました。そのときに、とても感動したのが、国歌「君が代」を胸に手を当てて、一緒に斉唱できたことです。

「君が代」が決して軍国主義の象徴ではなく、もともと久米島の神歌で、「神が代」と「君が代」が対《つい》になっていることを伝えたら、皆さんびっくりされていました。皆さん快く一緒に歌ってくださいました。

しかも歌い終わったあとに、「これで神とつながった〜!」と一人のおばあさんが叫んだことにびっくりして、感無量になり、思わず涙が出てきました。

地球のへそが沖縄で、その中でもさらに中心的なゼロ・パワーの場所の大神島で「君が代」

を歌えて、最高に幸せでした。

島の人々と楽しく交流できるのも、島の自治会長の久貝愛子さんのおかげです。なんとか島を守りたい、復興したいという熱い思いで、5年間自治会長として活動されて、ついに念願の島を守る看板を立てることができました。この看板を見て、大神島を訪れる人々の意識が変わって島を大切にしてくれると思います。

言葉のチカラは大きいです。自著『言葉のチカラ』（青春出版社）でも詳しく解説しましたが、人の意識を変えるパワーを持っています。

パワーのある言葉を言霊《ことだま》といいますが、言霊には、マイナスの雰囲気を一気にプラスに変える力があります。

「すべてはうまくいっている」という最強の言霊が大好きで、カニ踊りで全国に広めています。交流会の最後にも必ずカニ踊りで終わるようにしています。

笑いが自然に出て、これを何度も唱えることで、自分の潜在意識に沁《し》み込んでいつのまにか、そう思える自分に変化します。

大神島も、やはり大神という言霊にパワーがやどっています。

本当に、「すべてはうまくいっている」のです。

無限のゼロ・パワーについて解説しながら、自然に大切な言霊を紹介しています。人生のしくみは、本当にすべての人が体験したいようにうまくできていて、誰一人被害者はいないのです。

いろんな立場の人間を体験しながら、愛が深くなり、すべてを受け入れられる大きな優しい人柄になることを目指しているのです。

私たちもその旅の途中です。

今いるところが、今のあなたにピッタリのゼロ磁場です。

そこを愛して、受け入れて、最大活用しましょう！

いつか、宮古島に行きたくなったら、ぜひ大神島も訪ねてみてください。

遠見台に登って、３６０度の美しい絶景の海を眺めて、世界に平和への思いを発信してみてください。それが自然に地球への平和の祈りになります。

ゼロ磁場で奇跡がどんどん起こる

大石林山での奇跡体験

さぁ、もう一度登場するアジア一のパワースポット、そして巨大なゼロ磁場の大石林山について、さらに詳しく解説していきましょう！

もう何度も大石林山が登場していますが、小見出しに「奇跡体験」というフレーズが付きました。

その通りに、奇跡がどんどん起きています。

ガンの手術前に行ったら、レントゲンでガンが消えてしまって手術しなくてすむようになったケースや、不妊治療をずっと続けていたカップルに子どもが授かるケースが多いそうです。結婚できたケースも嬉しい報告がかなり来るそうです。

足や身体の痛みが取れるなど、様々な奇跡体験が起きています。

なかには、幼くして亡くなった子どもの千日供養をして、ちょうど終わったときに、次の子を妊娠したというケースが二つもあったそうです。

なぜ奇跡体験が多いのでしょうか？

大石林山自体が波動の高いカルサイトの鉱脈でできていることと、波動の高いガジュマルという不思議な木が多いことなど、自然の条件がそろっています。

ガジュマルの髭《ひげ》が伸びて地に届くと太い幹に成長します。大きくなると、精霊になって、森の時空を調整できるようになります。

さらにソテツもたくさん生えています。パパイヤと同じように、ソテツは、雄花と雌花があります。男女の解放に一役かっています。

妖精たちがたくさんいることも癒しの場として素晴らしい環境です。

ガジュマルには、キジムナーという赤い毛の妖精がいることで有名です。

私もかつて、キジムナーだったことがあるので、アスファルトではゆっくりの歩きが、大石林山の山道では、ひょいひょいと、流れるように飛ぶように、走ることができます。

ゼロ磁場の影響でキジムナーのスイッチが入るのです。

あなたも、山に行くと元気になりますか？

山に入ると、自然に身体が軽くなって、ひょいひょいと浮くように走り出したりしませんか？

それとも海ですか？

海を見ただけで、気持ちがわーっと広がり、笑顔になって、裸足になって海に足をつけて、「キャー―、冷たい～～」と叫んで、インナーチャイルドが一気に喜びを表現します。

もしかして、両方でしょうか？

自分が元気になる、ゼロ磁場を知っていると便利です。

そこに行けば、確実に元気になれるからです。

沖縄は、島なのに、この大石林山があるおかげで、山も体験できます。標高は一番高いところで、240mと、それほど高くありませんが、十分に山のエネルギーを体験できます。

大宜味村《おおぎみそん》の道の駅の向かい側にある美しい海に足をつけ禊《みそぎ》をしてから、大石林山に向かうと海と山の両方のエネルギーをもらって一石二鳥です。

妊活中のカップルは、古宇利島《こうりじま》もおすすめです。アダムとイブ伝説があって子宝が授かりやすいからです。

自然を通じて神様とつながるスピリチュアルツアー

大石林山は、何よりも古くから、御願所＝祈りの場がたくさんあって、霊能者のユタさん、ノロさんたちが訪れていたという歴史があります。今ではスピリチュアルコースとして、ガイドさんがついて解説してもらいながら回ることができます。

祈りの石は、喜瀬慎次所長さんが毎朝祈っているパワフルな石です。右端にメーテルのような女神の顔が感じられます。

祈りの石におでこをつけて、名前と生年月日、住所、干支《えと》を言ってご挨拶すると、ここの神様に登録されて、祈りやすくなるそうです。

ピンとくる石には、挨拶をしてみてください。あなたの名前が登録されると、しっかりゼロ磁場につながります。

スピリチュアルコースの入り口からすぐに、水がめの中心で祈ります。水色の光が撮れたら、水の精霊のエネルギーとつながっています。

その次が男神様のところです。ここでもおでこを岩に当てて、ご挨拶をします。

そこが登龍門です。その先に右の彼方にライオン岩が見えます。

しばらく進むと大切な祈りの場に到達します。白い表示板があります。それには、御天陸龍子神（血筋の係）、御天富堂之神（不動産の係）、器楽、食富の神さまなどの名前が書かれています。

昔から日本では、母親が子どもをしつけるときに、「御天とう様がいつも見ているからね～」と言ってきました。

太陽系では太陽が中心です。どこからも太陽が見えるように、いつも太陽が見てくれているのです。

不動産の神さまに、家や土地を買った人、引っ越した人が祈ると、すべてが流れるようにうまくいきます。

左奥にかがむとすっぽりはまる岩があります。女陰の岩です。子宝が授かります。正面にそそり立つ岩があります。男根の岩です。手を伸ばして触れながら、写真を撮ると、素晴らしい勇気と行動力のパワーをもらえます。

不動産の神さまのところに戻って、先に上ると素敵な木があって、女神さまの祈りの場があります。ここでもしっかり祈りましょう。

さらに上に行くと、器楽の神さまの場にたどり着きます。

そこに、妖精の館があって、幼くして亡くなった子どもたちを預かってくれます。悲しみが癒されて、また次の子どもが授かります。

その先に展望台への道があって、そこから沖縄本島の最北端の辺戸《へど》岬と鹿児島県の与論島が見えます。

そこから、さらに上に向かうと、海が見渡せる開けたところに出ます。カルサイトの岩肌を感じながら、悟空岩に抜けるところまでが、スピリチュアルコースです。

自然を通して、神とつながる素敵なコースなので、ぜひおすすめです。

しっかりとゼロ磁場を味わってください。

奇跡が起きる場所だと、みんなが信じることで、どんどんその場がゼロ磁場になっていくのです。

私たちの集合意識のエネルギーも強いのです。たくさんの人々がゼロ磁場に訪れるとさらにゼロ磁場が限りなく無限にパワーアップして、ますます大きな働きをしていきます。

ここぞというときに、お気に入りのゼロ磁場に足を運んでみましょう！

自然にパワーアップして元気いっぱいになります。

ゼロ磁場で原点回帰

伊勢神宮は最大のゼロ磁場

三重県の伊勢神宮は、あまりにも有名なゼロ磁場、パワースポットです。何度も訪れたことがありますが、本当に特別感が強いです。不思議なエピソードが満載なところです。

だんだん知られてきましたが、なんと伊勢神宮の地下には、2000年前に祭祀を司るレビ族という人々が遥か彼方の地からイエス・キリストが磔《はりつけ》になったときの磔の柱を運んで、それが安置されているそうです。レビ族の長だった魂さんが受診しました。

聖なる場所を探して、はるばる日本にやってきたのです。その長い道のりを京都の祇園祭が表現しています。

シオン祭なのです。山車《だし》の側面に飾られている絨毯《じゅうたん》には、西洋の風景が描かれています。

実は、原始キリスト教は、日本が本拠地なのです。原点＝ゼロ磁場なのです。

神道の儀式は、ユダヤ教の儀式とよく似ています。年代は日本のほうが古いので、ユダヤ教の儀式が神道に似ています、と書くのが筋でした。

過ぎ越しの祭りは、日本の大晦日に似ています。そのときに食べるマナが日本の丸餅に似ているのです。

神官の衣装も似ています。

伊勢神宮の正式参拝で舞われる巫女《みこ》さんの舞も世界に広がりました。

あらゆる文明は日本から始まったといえるのです。

そのことがわかってから、新しい令和の時代が始まった大きな意味が浮上しています。

シンプルな日の丸の元に、懐かしく思い出した古《いにしえ》の魂たちが、日本に来て、思い出そうとしているのです。

日本の女神が活躍する時代へ

伊勢神宮に訪れる観光客がたくさんで、ゼロ磁場がますますパワーアップします。年間1600万人の人が参拝に来られています。

人がたくさん集まるほど、ゼロ磁場はさらに波動が高くなります。

相乗効果現象が起きるからです。意識はエネルギーなので、多くの人々の意識が集まるところがゼロ磁場になります。

伊勢神宮が有名になって、一度に多くの人々が集まった時代があります。

江戸時代のお伊勢参りです。全国の人々がこぞって伊勢神宮に詣でました。

伊勢神宮の天照大御神の働きが大きくなって、いよいよ日本の神々の本領発揮のチャンスです。

伊勢神宮は、内宮と外宮に分かれています。

内宮に天照大御神が祀られ、外宮に豊受大御神が祀られています。

内宮の荒祭宮には、瀬織津姫が、そして、倭姫宮があります。

倭姫が近江地方を行脚して、天照大御神をお祀りする伊勢神宮の内宮の場所を決められたそうです。

最近、瀬織津姫のことが世に広く知られるようになり、神戸の六甲の六甲比命《ろっこうひめ》神社の大きな磐座《いわくら》が瀬織津姫のお墓だとされています。

兵庫県の西宮にある廣田神社が、瀬織津姫の神社で、夫の天照が亡くなったときに、そこへ行くよう遺言があったそうです。夫の天照と聞いて、「天照大御神は女性ではないの？」

と思った方もいると思います。実は、時代によって、天照大御神は男性になったり、女性になったりしているようです。

天使も働きによって、男性的になったり、女性的になったりします。

実は、私たちも、右半身は男性性、左半身は女性性で、両方のエネルギーをもっています。そのときに応じて、使い分けているのです。便利ですね！

4月上旬に、廣田神社では、優しいピンク色のツツジが咲きます。まるで、瀬織津姫の活動開始を知らせるかのような花です。

地球の平和への道が濃くなってくると、姫神さまたちが活躍されるようになります。世直しのときに、活動をされる菊理姫《くくりひめ》も起き上がりました。

わくわく楽しい時代になってきました。

今、女性の体に入って生まれてきているパワフルな魂たちも、一緒に起き上ってきています。

女性性の時代になってきたのです。

平和に向かって、まっしぐらです。

神戸の関西大震災の後に、唱えればそこがゼロ磁場になるマントラが天から降りてきました。

「アマテラスのマントラ」です。
これを唱えれば、誰でも光の柱を引き寄せて、ゼロ磁場にすることができます。
歌詞は次のようです。短いのですが、とてもパワフルです。

アマテラス　天地《あめつち》の
光満つ、地に降りて
カムナガラの道、今開かれん
ア～オ～ム、ア～オ～ム、ア～～オ～～ム～～

このマントラを唱えて25年、あちこちでゼロ磁場を増やしてきました。
伊勢神宮のアマテラスの響きを広げてきたのかもしれません。
「あっちにも、こっちにも、ゼロ磁場増やす～」と歌いたくなります。
私たちがゼロ磁場と認めることで、そのようになってくるのです。
この世界は、私たちの思いの力で、創造されています。

ゼロ磁場で行動開始！

スサノヲの出雲大社

伊勢神宮と並んで、パワフルなゼロ磁場は、島根県の出雲大社です。

年間660万人の参拝者が訪れています。

本殿の一番奥に、スサノヲが鎮座しておられます。

天照大御神の弟であるスサノヲのパワーもなかなかのものです。

2年前から、スサノヲパワーがどんどん降りてきています。

わらべ歌の『かごめかごめ』の最後の歌詞、「後ろの正面だ〜れ」がまさにスサノヲのことです。私たちの内なる宇宙に存在するスサノヲパワーがいよいよここぞというベストタイミングに表に出てきて、「行動する時」が来ているのです。

スサノヲパワーが出やすいのは、衝動行為です。

理由なき結論＝直観が突然来て行動を起こすときに、もれなくスサノヲパワーが出ています。その流れはとんとん拍子で調子よく流れます。

普通のスピードよりも速くあっという間に行動が起こせます。

行動を起こしたいとき、スサノヲパワーが欲しいときには、ぜひ思い切って出雲大社に行ってお参りしてみましょう！

出雲まではとてもという方には、「スサノヲパワーを出します！」と宣言してから瞑想してみましょう！

あなたの中のスサノヲパワーが、気持ちよく飛び出てきて、その後の行動をスイスイに気持ちよく導いてくれます。

私自身から出たスサノヲパワーが、カラフルな剣として写真に写ったことがあります。雲が割れて光がさしてきて、その光と合体して、スサノヲになりきりました。「スサノヲを舞え！」という力強い響きに動かされて、イメージで剣を持って舞ったときに、すぐ後ろにいた方が私の写真を撮ってくれました。まぶしいくらいのマゼンタ色とオレンジ色のパワフルな剣が撮れました。

その写真を見るだけで、誰でも自分の内なる宇宙から、パワフルなスサノヲパワーが、引き出されます。

メールマガジンの最後の祈りのところに、その写真が添付されていますので、欲しい方は、ホームページからダウンロードしてください。

「自分らしく」ありたい人へ

出雲大社の御神体は、穴だそうです。まさに、穴＝無い＝無限のゼロです。

日本の代表的な航空会社もＡＮＡとＪＡＬです。穴と日の丸です。やはり、無限のゼロなのです。

「私たちは、無限の億万年前から生き通している生命である」とお釈迦さまは、宣言されていますが、それは肉体に宿っている本体の自分のことを表現しています。

わざわざ**出雲大社に行って、お参りすると、自分の中の穴＝無限のゼロの本体が刺激を受けて、意識が大きく広がることができます。**

出雲大社には、独自の意識の流れがあります。戦後ＧＨＱから神社本庁を通じて本来の2礼3拍手を2礼2拍手にして、日本のパワーを弱めようとしたのに、出雲大社だけは、2礼4拍手1礼になったまま、今日まで続いています。

これは5月14日の例祭のときに、2礼8拍手1礼の習慣を半分に簡略化したものだそうです。8拍手打つことを八開手《やひらで》と呼んでいて、実は伊勢神宮でも祭事のときには、八開手を行っているのですが、出雲大社はなぜかそのままになっています。ゼロ・パワーが強いのでしょう！

最強のスサノヲに守られているからです。

自分らしく貫くエネルギーがあふれているので、自分らしくありたい人には、とてもおすすめのゼロ磁場です。

神道では、8は無限を表しています。確かに、8を横にすると無限大の記号∞になります。

出雲大社は、鳥居をくぐってから、珍しく参道が下がっていきます。

御神体が穴なので、下がって入るのは、とても納得です。

出雲大社の巨大な注連縄《しめなわ》にも、無限のパワーを感じます。

そして、ゼロ磁場にふさわしい巨大な柱の遺跡が残っていることもぜひ紹介したいと思います。昔の出雲大社は、48mもあるとんでもなく高い階段式の巨大神殿の建物だったそうです。

48mは、なんと17階建てのビルの高さです。それが、本当だと確認できる柱の断面の遺跡が発掘されました。それが、宮司家に伝わる「金輪御造営差図《かなわのごぞうえいさしず》」と一致したのです。株式会社大林組によるプロジェクトチームが作られて、本当に巨大神殿ができるのかの研究をしているそうです。

壮大な歴史ロマンです。

もし本当なら、出雲大社もとてもパワフルなゼロ磁場といえます。将来は、もっと多くの人々が押し寄せて、さらにパワーアップすると思います。

昔から、大きな建物は、それ自体がパワフルで、人々の注目を浴びて、ゼロ磁場になります。

なぜ、出雲に大きな神殿が建てられたのかは、国譲りの条件で、大国主命《おおくにぬしのみこと》が承諾する代わりに大きな神殿を天照大御神にお願いしたからです。

大昔の神代《かみよ》の時代に建てられた巨大神殿の名は、天日隅宮《あめのひすみのみや》と言いました。巨大な神殿の柱で、天と地を結んだのだと思います。

大きかった神殿ですが、簡単に倒壊してしまって、平安時代から鎌倉時代の200年の間に7回も建て直したそうです。

前述した首里城も5回焼失しています。これから6回目の再建です。

ゼロ磁場は、何度でも再建されて、パワーが増していくのかもしれません。

巨大神殿のプロジェクトができているので、また8回目も再建があるかもしれません。

そう言えば、伊勢神宮も60年に一回の**式年遷宮という建て直しの仕組みがあります。こ**

れも、ゼロ磁場を守るのに最適です。

式年遷宮の前後は、自然に人々が集まります。それによってパワーアップして、しっかりとリセットされて、素晴らしいエネルギーが引き継がれていくのです。

あっちにも、こっちにもゼロ磁場がある〜。

日本には、素敵なゼロ磁場がたくさんあります。それも万人にではなく個別になのです。好き好きがあっていいのです。

自分の意識がその場に行くことで、より自分の宇宙の根源に到達できればいいのですから。究極は何でもありです。近くの小さなお宮がとても気に入っていて、そこへ行くたびに、自分が元気になるならば、そこがあなたのゼロ磁場です。

お気に入りの場所を大切にしましょう！

出雲大社のパワーは、そんな自由さを思い出させてくれます。

お好きなように〜の総本山です。

ゼロ磁場と人生のしくみ

高野山で、空海（食うかい）？

和歌山県に空海さんが開いた、高野山があります。ここもなかなかのパワフルなゼロ磁場です。

真言密教の天空の聖地です。標高867mで、2004年に世界文化遺産に登録され、訪れる観光客が多く、年間199万人も来ています。日帰りは155万人で、宿泊者44万人です。

伊勢神宮や出雲大社に比べると、少ないですが、それでも真言密教の修行場として開かれた場所としては、とても多いと思います。

開創1200年祭からは、さらに観光客が増え続けています。

壇上伽藍《がらん》と奥之院の二大聖地があります。

壇上伽藍は、最初に開創された、道場の中核に当たる場所です。19個の建物があり、朱塗りの「根本大塔」が16本の柱に十六大菩薩《ぼさつ》が描かれています。

空海さんは、835年に62歳で永遠の禅定《ぜんじょう》に入り、その後、醍醐天皇より「弘法大師」という名前をいただきました。

私は、空海さんの名前が好きです。「美味しいお饅頭《まんじゅう》、空海（食うかい）？」のギャグが言えるからです。きっと空海さんも苦笑してくれていると思います。

奥之院までの2㎞の間にそれはそれはたくさんの20万基のお墓があります。有名な戦国武将や歴史上の人物の墓もあって、それを見つけるのも楽しみです。

明智光秀の墓、武田信玄と勝頼の墓、上杉謙信と景勝の墓、俳人で有名な松尾芭蕉の墓、特攻隊の同期の桜の碑もあります。

なぜ、こんなにたくさんの人々のお墓が高野山に集まったかというと、お経の中に56億7000万年後に、弥勒菩薩さまが現われる場所が地球上に二つあって、その一つが高野山奥之院と書かれているそうです。

きっと空海さんは、弥勒菩薩に付き添って、そのときを禅定して待っておられるのです。

空海さんの魂は生きている

ちょうど、1200年祭の年に高野山を訪れて、ずっと一泊二日のセミナーを何度も主催してくださった笑い療法メイトの医師西本真司先生と、名古屋の主催者の川井亜哉子さんと、懐かしい無量光院に泊まりました。新しくなった本殿の檜《ひのき》の香りに癒されながら、さらに発展していく高野山のエネルギーを気持ちよく感じていました。

私は、過去生で、空海さんの甥っ子＝智泉《ちせん》だったことがあるので、高野山は、とても懐かしい濃い縁を感じる場所です。

智泉は、叔父・空海さんの後を継ぐ予定でしたが、37歳で病死して、代わりに泰範《たいはん》という最澄の一番弟子で熱心に勉強していた僧が高野山を継いだのです。最近、泰範のエネルギーを持った方がそのときの、不必要な罪悪感を解放するために5人もいらしています。5人とも、高野山が大好きでお参りしたことがあり、比叡《ひえい》山は気になっていてまだ行っていないという共通点がありました。

最澄さんと一緒に高野山へ勉強に来て、泰範だけ残ってしまい、「必ず比叡山に帰ります！」と言って、帰らなかったという罪悪感が残っていたのです。

その中のお一人には、クリニックでの受診の前にお会いしたとき、ふと直観で高野山の1200年祭のときの写真を引き伸ばした紙芝居用の写真を持参した、というびっくりのエピソード付きでした。高野山だけでなく、四国のお遍路もすべてまわられていて、比叡山も気になっていた方でした。

過去生のときの罪悪感が、生まれ変わって引きずっていて、縁の濃い私の魂と再会して、解放するプログラムになっていたのです。

私も過去生で、病死して、代わりに高野山を継いでくれた恩があるので、ヒーリングで恩返しをすることができて、ほっとしています。

人生のしくみは、本当に面白いです。

薬を使わない治療を探求してきて、愛と笑いの過去生療法に行きつきました。人生の謎解きをお手伝いして、潜在意識の感情を大解放する爽快感をそばで見ていると、感動が大きいので、生きがいを感じてやめられないでいます。

泰範以外の空海さんのお弟子さんたちも、続々クリニックにいらしています。弟子仲間の大集合です。

空海さん自体が、ものすごくパワフルな天才です。

お寺にじっとしているタイプではなく、人々のために役立つこと、洪水を止めるダムづくりや、橋をつくったり、湧き水や温泉を探し当てたり、いろんな活動を活発にやっていました。

映画にもなっているので、ぜひ北大路欣也さんが空海役をやっている映画『空海』を見てください。どんなに活動的で、実践的なお坊様だったかが感じとれます。これから、空海さんの活躍がさらに始まると思います。

奥之院には、今も空海さんが生きているという集団の思い込みで、朝夕のお食事を運んでいますし、本当に空海さんの意識が働いているのを感じました。

1200年祭に、会いにいきましたら、不思議と奥の院の祈りの場で人払いが起きて、たくさんの人々がいなくなり、不思議な時空間で般若心経《はんにゃしんぎょう》を唱えたときに、「智泉、よく来た、思うがままに活動を続けなさい」というお言葉をいただきました。魂にまで届くような荘厳な響きでした。

次々と、本を世に出すことも、思うがままの活動の一つです。

楽しく書いて人々に勇気と希望を届けたいと思います。

最強のゼロ磁場で創造性爆発！

諏訪大社の御柱祭

ゼロ磁場の代表として、はずせないのは、御柱祭《おんばしら》で有名な諏訪大社です。上社本宮が、ちょうど断層の上にあるので、ゼロ磁場としては、とてもパワフルです。

パワフルで破天荒なアーティストの岡本太郎さんも、御柱祭にはまっていました。命を懸けて、御柱に乗って滑り落ちる男の祭りに惚れてしまったのです。

そんな熱い思いが込められた御柱が立つ諏訪大社を訪れると、自然に自分の中にも立派な光の柱が立つような気がしてきます。

初詣の参拝者数は、20万人と、今までの神社仏閣のゼロ磁場と比較すると少なめですが、御柱祭になると、なんと10倍の２００万人もの人が集まります。

御柱祭は、毎年ではなく、7年に一度の大きな祭りです。

でも7年の間に、また次の祭りの準備をするので、ずっとかかわっているようです。

最近では、2016年に行われました。そのときから、御柱祭にはまった川井亜哉子さんは、名古屋で講演会やセミナーの主催者を20年間もやってくださっていますが、諏訪大社に40回以上も通って、ちゃんとハッピも作って、氏子《うじこ》さんと同じような活動をしています。御柱祭とカタカムナにもはまって、ゼロ・パワー全開です。高野山の1200年祭にも一緒に行ってくれました。

2019年7月4日に、川井さんが最高のガイドをしてくれました。

前日に戸隠《とがくし》神社の奥社まで行って、龍パワーをもらってからの翌日だったので、かなりパワーアップしていて、さらに不思議な体験ができました。

深い森の中に、ゼロ磁場になっている空間があって、自然のスポットライトに照らされて、自分たちが浮いて写真に撮られたとき、大きな宇宙母船に吸い上げられたように感じました。いろんな情報とパワーをチャージされたような感覚でした。

今思うと、**ゼロ磁場とは、宇宙母船がコンタクトしやすい場でもある**のだと体感できました。ゼロ磁場ならではの母船体験だと思います。

どこの母船かを聞かれたことがあります。母船を感じてみたら、プレアデスからでした。愛茶氣道のパーカーさんも一緒でした。

それ以後、よくその母船に寝ている間、訪れるようになりました。自分用の広い心地のいい部屋があって、そこでいろんな話し合いをしている感覚です。

あなたも、地球に来る前の懐かしいふるさとの星から母船が来たら、縁のあるゼロ磁場で、コンタクトが可能かもしれません。ピンときたら、ベストタイミングです。直観を大切に使ってコンタクトしてみましょう！

星を意識してみると、高野山は、北斗七星とつながっています。

伊勢神宮は、六芒星《ろくぼうせい》のダビデの星がたくさん見つかります。ユダヤとのつながりが濃い場所です。御神体が天照大御神さまなので、縁の濃い星といえば、太陽でしょうか？

元太陽人は、自然に伊勢神宮が気になって、何度もお参りに行ってしまいます。

元オリオン人は、オリオンビールがある琉球沖縄やエジプト＆インドが好きです。

柄杓《ひしゃく》の形をした北斗七星が好きな人は、高野山が気になります。

気になるゼロ磁場を何度でも気が済むまで、通ってください。好きすぎて、近くに住んでしまうかもしれません。どんどんチャージして、ご自身が爆発してみてください。創造の爆発です。まさに岡本太郎さんと同じです。

火の創造エネルギー

ゼロ・パワーに魅せられる人々は、火のパワーが強いです。情熱と勇気にあふれています。なぜなら、火山のエネルギーがギューッと凝縮されたゼロ磁場の周波数が気持ちいいからです。

ハワイ島の火山の女神ペレのようなエネルギーです。真っ赤に燃える火のパワーです。

岡本太郎さんも、火のエネルギーが強いです。炎のような縄文土器に、感動してそれを世に紹介してくれました。

炎そのもののパワーを表現した土器です。

火のエネルギーで私たちの煩悩を燃やしてくれるのが不動明王です。剣で煩悩を断ち切って、後ろの炎で燃やしてくれます。

アマゾンやオーストラリアの大々的な火事も、火のエネルギーによる浄化が必要だったのでしょう!

浄化には、火の浄化と水の浄化があります。風の浄化は、台風やハリケーンです。地の浄化は、地震です。複合的に起きるときもあります。

人生一切無駄なしなので、起きることは、必然です。

ゼロ磁場が活性化するときは、首里城が燃えたり、オーストラリアの森が燃えたり、火山噴火が起きたりします。

火山そのものもゼロ磁場です。

諏訪大社の御柱は、龍柱を表しています。龍は、一頭、二頭と数えないで、一柱《いっちゅう》、二柱と柱で数えます。

諏訪大社は、四社あって、上社前宮、上社本宮、下社春社、下社秋社の四つです。それぞれに4本の柱が立てられ、計16本の柱が7年ごとに新しくなります。御柱は、17m、10トンもある樅《もみ》の木の巨木です。下敷きになったり、ぶつかったりするとケガをします。それでも御柱に魅せられるのは、特別なエネルギーを感じるからだと思います。

巨木になると、精霊が宿ります。白髭のおじいちゃんに見えます。

巨木を切り出して、御柱になっても精霊はついています。

巨木が16本あるので、精霊16人のパワー集結です。

16という数霊《かずたま》は、世直しの菊理姫《くくりひめ》のエネルギーを持っています。龍の数字の8の倍でもあるので、双龍にもなっています。

ちょうど、令和の時代になって、龍が大活躍しているので、ますます諏訪大社の御柱のパワーが強くなっています。

力と力がぶつかりあって、勝敗を決める国技の相撲の土俵が、なんと諏訪大社の境内にもあって、びっくりしました。どうしても相撲を取りたくなって、一緒に行った仲間の若い男性に相手をしてもらったことがあります。

ゼロ磁場で、ゼロ・パワーの体験をしてみました。

ぜひ、ゼロ磁場に行ったら、そこならではの体験をして、体感してみましょう!

ゼロ磁場でよみがえる日本のチカラ

富士は晴れたり、日本晴れ

最後のゼロ磁場は、日本一美しい山、富士山です。ずっと静かですが火山です。

終末論が大好きな人々は、富士山が噴火すると予言しますが、今まですべて空振りでした。

富士山本人に伺いましたが、噴火の予定はないそうです。

安心して、富士山に登ってください。

どうぞ、富士山の近くに住んでみてください。

遠くから富士山を眺めて、素敵な写真を撮りましょう！

私も東京に飛ぶときには、なるべく富士山側の席を予約して、窓際から美しい富士山の写真を撮ってきました。

まるで、窓を開けて撮ったかのように、美しく撮れたときもあります。嬉しくて、紙芝居のように引き伸ばして、講演会やセミナーでお見せしています。

小見出しの「富士は晴れたり、日本晴れ」は、岡本天明さんが自動書記で書いた『日月神示（ひふみ神示）』からの引用です。

そのあとの文は、「神の国のまことの神の力をあらはす代となれる」とあります。そして、「御苦労のない代が来るからみたまを不断に磨いて一筋の誠を通うして呉れよ。……何より掃除が第一。……口と心と行と、三つ揃うたまことを命《みこと》といふぞ。神の臣民みな命になる身魂掃除身魂結構……」という感じです。

令和の時代になって、まさに今が日本の神の力をあらわす代となっていくのです。**子《ね》の年＝2020年の前後10年が正念場と書かれています。**

2030年が平和な黄金時代を迎えるといわれていますので、まさに、**これからさらにいろんなことが起きて、それを乗り越えて、千年王国＝ユートピアの世界を創るのです。そのために、ゼロ磁場が活性化しています。**私たちが意識してゼロ磁場を訪れることで、相乗効果になるのです。

日本一の富士山に意識を向けましょう！

生で見るのが一番ですが、写真や映像でも大丈夫です。

もし、可能なら富士山に登って、御来光を拝むのも感動的です。

ゼロ・パワーと天照大御神のダブルパワーを堪能してください。

富士王朝という文明が富士山を中心に古代にあったそうです。

古代の富士王朝パワーが、世界文化遺産になる後押しをしてくれています。さらに、そろそろ富士王朝のエネルギーがよみがえってくるそうです。

その意味は、これからの地球の平和にとってとても大切です。

富士山自体が、たくさんの魂の意識が集まってできたとても美しい火山です。

富士は、不二でもあります。二つとないという意味です。

確かに、富士山は、二つとない美しい山ですが、実は全国あちこちに「○○富士」と名づけられた山がたくさんあります。

蝦夷《えぞ》富士、薩摩《さつま》富士、八丈富士、日光富士、讃岐《さぬき》富士、榛名《はるな》富士、吾妻《あづま》小富士、諏訪富士、岩手富士、出羽富士など、なんと全国で数えると、467山もあるそうです。最北端には、1721mの利尻《りしり》富士があります。最南端は、沖縄の250mの本部《もとぶ》富士です。

それだけ、富士山が日本人にとって、大切なのです。とても愛されているのだと実感しました。

富士山の高さは、3776・12mです。

「みんなでなろう、一、二」と、とても覚えやすい数字です。

全国の富士と名づけられた山の数も、467（4＋6＋7）＝17（1＋7）＝8です。

また、龍の数の8になりました。

富士山には、金龍が守っています。御祭神は、コノハナサクヤヒメです。

金龍にコノハナサクヤヒメが乗って、富士山を越えていくイメージが大好きです。これをイメージすると、自然に富士山とも金龍ともつながり、豊かさが宇宙からもたらされます。金龍は豊かさと成功のエネルギーを持っています。

さらに、コノハナサクヤヒメもイメージできたら、女性性や感性が引き出されて、女子力アップにつながります。

講演会で、コノハナサクヤヒメの衣装を着ることが多いです。

さらに、千手観音の手と道具の部分を背負うと、さらにパワーアップして本当に、内なる宇宙から、今まで体験した中からにじみ出ている才能がどんどん開いてきて、やりたいことをサッとやれそうなそんな気分にしてくれます。

右手と左手を好きな方向に伸ばして、「あの手、この手の、千手観音〜〜」と言いたくなります。

富士山にも山頂に、大きな円盤のような雲がかかっているときがあります。

やはり、大きな宇宙母船が来ているのです。

ゼロ磁場には、龍がいて、必ず、宇宙母船がついてくる〜〜です。

きっと、「富士は晴れたり、日本晴れ」を晴れやかに唱えることができる世が必ず来ます。

一緒に創りましょう！

富士山は、日本の象徴、そして平和の象徴です。

富士山は、涼やかな、美しいゼロ磁場です。

自分が大好きと思えるゼロ磁場で、無限のゼロ・パワーを最大に引き出しましょう！

ゼロ磁場の活用、バッチリです！

第3章

「中今《なかいま》」から内なる宇宙とつながる

意識を今の中に向けましょう

過去への後悔と未来への不安で悩んでいませんか

「中今」という言葉を聞いたことがありますか?

「意識を今の中に向ける」という意味です。

「中今」は、今ここ、英語で言えば、「Be here now」です。

場所は、ちょうど魂のある位置のハートチャクラ、心臓のあるところ、そこを右手で、あるいは両手で優しく温めるようにして触れてみてください。

そこが、今という感覚の場所です。

魂のいる場所でもあります。

ハートチャクラに手を置くことで、自分の魂とつながることができます。

偉大なる魂さんが、今回の人生で体験したいことを、人生のシナリオに書いてきました。

表面意識は、今回の人生からスタートしているので、過去生のことは忘れています。だから過去のことや未来のことが不安になります。

でも、偉大なる魂さんは、過去も未来もわかっているので、不動心です。

胸に手を当てて、魂と近づくことで、より不動心になれるのです。

しかも、今ここを意識することで、エネルギーとして最大になれます。

これから、**今ここを意識して、中今が常にハッピィでご機嫌でいるようにするだけで、すべてがいい流れになって、素敵な展開になります。これからハートで生きましょう！**

スピリチュアルな世界では、しきりに「今ここに意識を向けましょう、そうすればパワーがあふれて、すべてのことがうまくいきます！」と解説して人々の意識を過去でも未来でもなく今に向けようと導いています。

過去のことをくよくよ悩んでも、過去をやり直すことはできません。「これでいいのだ」と全肯定することで、過去を受け入れて、いい体験をしたことになります。

未来のことを不安に思っても、未来を明るくすることはできません。明るい未来を思い描くことで、それを引き寄せることができます。

過去も未来も今の中にあって、どう思うかで流れが変わってくるのです。

すべては今の思い次第なのです。

だから、今の思いをごきげんにすると、自然に過去も未来も明るく照らされるように変わります。

「中今ごきげん！」ワーク

胸に手を当てて、「中今」をしっかり感じながら、声に出して唱え、そのあと、両手を広げて「ごきげん！」を元気よく言いながら、両手を開くというワークを最近思いついてやっています。これが無限のゼロ・パワーと同じでとてもパワフルで胸が熱くなってきます。

私たちの意識が三次元から五次元に広がることで、今まで何もないと思い込んでいたゼロが、実はいろんなものを含んでいて、究極は、無限なのだと思ってみてください。本当にパワーがあふれてきて、感動的な広がりを無限に感じられるようになってきます。

見えない世界が見えてくるわくわく感が、ゼロの感じ方と似ています。肉体の目で何もない空間のように見えても、実際は、たくさんの神秘図形が存在しているのです。

私たちの思い、イメージによって、空中の神秘図形がつながり、形を作っていくのです。空中に発せられる言霊の響きに引き寄せられて、形になっていきます。

すぐに、形になれるように待っているのです。

これを形霊《かただま》といいます。形にも霊が宿っていて意識を持っています。魚の骨のような形、葉っぱの葉脈のような形、銀河の渦巻きの形、シンプルに、円《まる》や三角形、そして五芒星や六芒星などもあります。

言霊と形霊がつながることで、ドーンと三次元に形が実在として現われてくるのです。思いで創る三次元、さぁ、思い通り、思いのまま、お好きなように、やりたい放題ですよ〜。

さあ、これから無限のパワーがあふれてきますよ〜。

本当に楽しみになってきました。2019年はとても身体的につらかった方が多かったと思いますが、それを乗り越えて、記念すべき2020年に進みました。

これからが本格的な、地球の大変革が始まります。

私たち一人一人の思いからこの世界はできていますので、私たち神々が創造しています。あっという間に世界が変わってきます。

起きる現象にはすべて意味があるので、どんなことが起きても、ハートに手を当てて、「中今ごきげん」で進んでいきましょう！　魂と密着してぶれなくなります。

光に戻れなくて漂っている霊ちゃんたちは愛に反応します。零ちゃんに、愛の投げキッスをすると、愛でとろけて、昇天して光に帰ります。この方法は感染症予防にも有効です。

その至福感は細菌やウイルスにも応用できるので、愛の祈りをしましょう!

愛でジュッ、ジュジュジュのジュ〜
細菌やウイルス、そして霊ちゃんたちも愛が欲しいの〜
愛で、見事に昇天〜ピカ〜〜

ますます、「中今ごきげん〜」です!

「今の自分」の気分を観察してみましょう

「ふと感じること」は魂からのメッセージ

「中今ごきげん」状態にするための、とても大切なコツをお伝えします。

自分がどんな気分かを、こまめにチェックしてみましょう！

今どんな気分かを、胸に手を当てて感じてみます。

落ち込んでいたら、「アッ、今落ち込んでいる〜」とそのままの気分を受け入れます。

そして、その原因をさぐります。直観で、原因と思われるイメージがぱっと浮かびます。

そのイメージをやめると思ってみます。

実は、**「落ち込みをやめる」ことが可能なのです。**

なぜなら、落ち込んでいるという感情がそれをやめようと知らせてくれているのです。

それをあまり感じないでそのままにしておくと、落ち込みが続きます。

うつは、そうやって、放置した結果が続いているだけなのです。

「うつの原因は、何～？　教えて！」となんとなく聞いてみると、本当に、うつに関係するイメージが出てきます。

実は、クリニックで、うつの患者さんの代わりに、魂の通訳として直接魂さんに聞いて、患者さんの魂からのメッセージを受け取って伝えています。

本当は、自分でできるのですが、長年放置していたので、わからなくなっています。というか、自分の魂さんに聞いてみることも思いつかなくなって感覚が麻痺《まひ》しているのです。

こまめに、自分の気持ちをチェックする習慣を身につけましょう！

習慣にすると、自分を大切にすることになります。ちょっとした感情を大事に受け取って感じることで、潜在意識にしまい込むことがなくなります。

ふと思うことは、魂さんからの大切なメッセージなのです。

ふと感じることは、自分の宇宙・世界では、真実なのです。

自分が感じること、思いつくことを、もっと大切に扱いましょう！

自分の好き嫌いも、自分を守っています。

よく好き嫌いはなくしたほうがいいとされていますが、とても大切なメッセージなのです。

好きなもの、好きな人は、今の自分に必要なのです。
嫌いなもの、嫌いな人は、今の自分には必要ないのです。

素直にその感覚に従っていると、体の調子も心の調子も楽になって、スムーズになります。何か理由があって、そのようなメッセージが届いているのです。それを大切に受け取ってください。

自分の思いや感覚に忠実に従っていると、魂さんとの距離がぐんと近くなって、とても便利です。

「気づき」のサインは体にあらわれます

私たちは、この世にやりたいことを体験しに降りてきています。

今の体験がもう十分で次に行きたいときに、魂さんからの「もういいよ〜もう十分だよ〜」というお知らせがくるのです。

そのお知らせが微《かす》かなふとした思いや感覚のうちに、キャッチするとすぐに切り替えることができます。

その思いや感覚を無視していると、魂に近い体に何らかの症状が出て、知らせるのです。

休みたいのに休まないときには、風邪をひいて休ませます。

風邪をひいても熱があっても、それでも休まないときには、もっと重い病気で入院することになります。やっと休むことができて、自分を振り返るチャンスの到来です。

「こんなに頑張っているのに、どうしてこんな目に遭わなければならないの？」と言いたくなります。頑張りすぎていることに気づきません。

それでもだんだんと、強制的に休むことで、いろんな気づきが始まります。

日頃、当たり前と思っていたことが、ありがたいと感じられるようになります。自分の感覚が戻ってきて、感覚麻痺が取れます。

ここからゼロ・パワーが働いて、リセットされます。

感覚麻痺が取れると、細かいことに気づくようになり、一つひとつ丁寧に感じられて、小さなことに感動したり、感謝したりができるようになるのです。

がむしゃらに働いてきた人が、入院することで、日常の些細《ささい》なことへの気づきが新鮮に感じられるようになります。

そのとき、家族と話したり、友達にメールしたり、写真をＬＩＮＥで送ったり、日記に書いてみたり、詩を書いたり、俳句や和歌を作ったり、絵に描いたりしてその人なりの好きな自己表現をすると、さらにその気づきが輝いてきます。

そうやって、自分らしく、自然体に楽に生きられるようになります。

今のあなたの気分は、どんな感じですか？

とっても幸せですか？

それは、素晴らしいです。その調子です！

ちょっと、ストレスたまっていますか？

それも素晴らしいです。自分の状態が客観的に見えています。

その調子でもっと自分を観察して、何を我慢してストレスになっているのか、なぜそんな気分でいるのかを感じてみましょう！

ちょっと前の出来事が気になっているのか、かなり前のことを思い出して、リフレインして、同じ感情になっているのか、感じてみましょう！

次々にいろんなことがわかって、楽しくなってきます。

私たちは、自分の感情をあまり大切にしていません。

ずっと、「感情的になってはいけない」と教えられてきたからです。

感情が、次々にあふれ出ることで、何を感じているのかがわかって、次々に展開していけるのです。

「もう嫌だ」という感情で別の体験へGO！

自分の気持ちを無視するとインナーチャイルドが怒ります

「もう嫌だ」という気持ちが出てきたら、別の体験への切り替えのサインです。

これに気づくかどうかで、流れが変わります。

気づこうとしていることが、自分を大切にする第一歩です。

自分の気持ちを無視すると、お腹にいる本音の自分＝インナーチャイルドが怒ります。嘆きます。落ち込みます。そのままの気持ちを受け止めてあげると喜んで、元気になり、生きる気力が戻ってきます。

「もう嫌だ」という感情を認めてあげましょう！

今までのマイナスの思い込みを解放して、受け入れることが上手になると、どんどん、物事が前に進んでいきます。心地よい変化が続いて、自分の奥にある無限のゼロ・パワーを活用できるようになるのです。

もうお気づきのように、**感情がゼロ・パワーにつながる鍵なのです。**

「もう嫌だ」と思って、やめると次の体験がやってきて、終了します。

「もう嫌だ」という気持ちが体験終了を知らせてくれるのです。

あなたも何かを続けていて嫌になったらやめましょう！　ゼロに戻すと、次の面白い体験を引き寄せます！

仕事も嫌になったら、変えると決めると、別の部署に異動になるか、リストラになるか、別の仕事に変わります。また新しい体験ができます。

この世には、いろんな体験をしに来ているのですから、それでいいのです。

なんだか、あまりにもシンプルでびっくりですね。

何か違う、何か変、どうもしっくりこないという感覚がとても大切なのです。

三十代の女性がクリニックに通っていて、最近また「もう嫌だ」という気持ちになって、引き留められても、仕事をやめてしまいました。そこからしばらく休んで、次の仕事を探すまでに、時間がかかる自分を観察していて、自分を責めています。

「ちょうど、ゼロ・パワーの本にあなたと同じパターンの話を書いています。それで、引き寄せたかもしれません。『もう嫌だ』という気持ちを大切にすると、我慢し続けて倒れるというパターンを回避できます。今は倒れないで、続けていけています。ちゃんと進化・成長していますね！　これでいいのです！」と解説したあとで、「これでいいのだ！」のワークをしました。

書いている内容に、ぴったりのケースを引き寄せて、患者さんにもプラスになる流れになりました。

本当にすべてのことがつながっています。

私のゼロ体験

私自身もゼロに戻す体験を今やっています。

ずっと学んできた古代超直観科学の神代《じんだい》文字カタカムナで、巻物に残された渦巻き模様のカタカムナウタヒ80首を絵で表現するというチャレンジを続けてきましたが、第34首を描いている途中で、図象符《ずしょうふ》といういくつもの音が重なっている記号をちゃんと理解したくなりました。

もっと深く知りたくて、古くからカタカムナウタヒを研究している相似象学会誌の「相似象」を読み直しています。40年前に読んだときは、わからなかったことが、今ならすっと吸収できるようになって、びっくりしました。やはり、トキ来たりなのです。タイミングが今だったのです。

「相似象」に出てくるカタカムナの世界は壮大です。

「自然」や「宇宙」を包むようにして細かい「天然」（アマ）が在るのです。

「天然（アマ）」が宇宙を生み、自然を育み、人間を発生させたのです。

「相似象」に度々出てくる、とても大切な天然（アマ）を構成する「アマ始元量」を、もう一度自分の世界に入れ込むことで、謎が解けてきました。

「アマ始元量」とは、天然（アマ）を構成する最小の単位です。素粒子よりも小さいのです。まさに、ゼロに限りなく近いのです。そのアマがミクロの世界もマクロの世界も創っています。

私たちの体の細胞たちは小宇宙です。小さすぎて見えません、太陽系や銀河は、大宇宙です。こちらは大きすぎて見えません。この宇宙に充満している天然アマのアマ始元量が小宇宙も大宇宙も創っています。

見えない世界（カム）と見える世界（カタ）をつないで、二つを溶け合わせて、両界に存在しているのが、天然（アマ）です。「アらゆるマ」なのです。

天然が宇宙を創っていることは、自著『今が、ベストタイミング！』（大和書房）に書きました。

講演会やセミナーでも、「宇宙を創っているのは天然です。光の色でいうと、マゼンタ色です。だから今、私の髪の毛の色はマゼンタ色にマニキュアでコーティングしています。天然が宇宙を創っていることを体で表現しているので～す」と解説しています。

カタカムナの基本が天然（アマ）で、見えない潜象《せんしょう》世界が見える現象世界を創っていることをはっきりと打ち出していたのです。

そして、私自身も、宇宙を創っている天然を、とても意識して生きてきました。

カタカムナを学ぶ前に、カタカムナ的な天然の生き方をして、天然からの情報をもらうアマウツシという方法も、仕事の上で、ヴォイスヒーリングをすることでアマウツシの「魂の通訳」をやってきていました。


ちょうど、この本を書いているときに、毎年恒例の「夢のコラージュワーク」を海の舞（自宅の隣に創った宿泊型の研修施設）のイルカホールで行いました。テキストは、天の舞（一階に、啓子メンタルクリニックとアロマやクリスタルのショップ、アロマママッサージの天使ルーム、海が見える癒しのカフェ、そして二階が自宅になっている）が創られていくプロセスを書いた自著『夢実現プロセス』（大和書房）です。

天の舞と海の舞は、しっかりとカタカムナを表わしている建物です。

アマとは、天、海、女です。天も海もアマ＝天然だったのです。

天の舞も海の舞も、天然のアマが舞っているイヤシロチ＝波動の高い場所です。天然の舞に海の舞で、アマ、アマ、アマしています。とっても天然パワー満載なのです。

ちょうど、この本を書くタイミングにぴったりの体験でした。

ゼロに戻って、やっと晴れて、「中今ごきげん」になりました。天の舞も十年たって、外壁が愛のピンクにリセットされました。

「基本に戻る＝ゼロにリセットする」なのです。

基本の「相似象」に戻ることに気づくきっかけは、川ヰ亜哉子さんの相似象（カタカムナ）セミナーでした。

セミナーの内容を伝え聞くことで、目から鱗の体験が始まって、霧が晴れてきたのです。ちょうど私が知りたかった図象符のわかりやすい解説でした。

それを川ヰさんに伝えたら、「あら、『相似象』に戻るきっかけは、沖縄ツアーで海の舞に行ったとき、啓子先生の愛と笑いのカタカムナセミナーで、『やはりカタカムナの基本はカタカムナウタヒなのよね～』の一言から始まったんですよ！　それからまた『相似象』に戻って半年間探求しました！」

と聞いて、お互いに大事なヒントを与えあっていることに感動しました。

まさに愛の循環です。

中今を感じるハートから、愛のピンク光線が出ています。

宇宙は愛に満ちていて、愛ですべてがほどけていきます。

すっきりして、ますます「中今ごきげん」です。

内なる宇宙の不思議なしくみ

ここで、さらに内なる宇宙について触れておきましょう。

宇宙は有限で球の形をしています。宇宙球です。それを包んで、素粒子よりも小さな天然アマが充満しています。それが、まさにすべてを創るゼロ・パワーなのです。思いで、天然アマからそれぞれの宇宙ができて、内なる宇宙になります。

内なる宇宙の中に、これまでの生まれ変わりで体験したすべての世界観が含まれていて、それは幅広い世界を構築してきています。それぞれの宇宙に合った法則があります。

面白い人には、面白い宇宙があります。面白い宇宙法則があります。

サスペンスが大好きな人は、もちろんハラハラドキドキのサスペンスがてんこ盛りの宇宙があります。サスペンスの宇宙法則があります。

ゆったりのんびりが大好きな人の宇宙は、南国のようなハワイやポリネシアン、沖縄のような宇宙が広がっています。ゆるゆるの宇宙法則があります。

権力支配、支配されるのが大好きな人の宇宙は権力者と奴隷のゲームが繰り広げられています。結構厳しい宇宙法則があります。まだ戦いがあります。

まるで、ゲームのように、ドラマのように、宇宙には違いがあります。

スピリチュアルな世界で、人の数だけ宇宙があると言われているのは、そういうことなのです。それぞれの宇宙に即した宇宙法則があります。

魂の歴史がそれぞれに違うので、内なる宇宙もそれぞれに違っています。

似たような宇宙を持っていると、共振共鳴して引き合います。

共振共鳴の喜びが大きいので、楽しい会話が続きます。そばにいたくなって、友達になったり、仕事をつなげたり、楽しい交流ができます。

内なる宇宙は、とても大切なエネルギーです。

内なる宇宙が響きあうときに、素晴らしい流れになって、奇跡が起きます。

危機一髪のときにも、ちゃんと似たような宇宙を持つ助け舟、助け人が現われて、救われるのです。

内なる宇宙を創っているのは、天然アマの無限のパワーだからです。

こんこんと湧き出る湧水のように、内なる宇宙の源のゼロ・パワーがあふれ出てきます。

そのときに、とてもまぶしい光を感じることがあります。

視界が明るくなり、まわりがとてもまぶしく感じたら、確実にゼロ・パワーがあふれています。おめでとうございます！　その調子です。

あふれる光は、まわりにいる人にも、はっきりと感じるので、キラキラして輝いて見えたら、すぐに伝えてあげてください。

「あなた、とてもキラキラ輝いて素敵ね！」

とても喜ばれます。

「天然」の境地で、何が起きても大丈夫！

「中今ごきげん」は、天然になる！

カタカムナの「相似象」で、天然（アマ）がとても大切で、私たちのそれぞれの宇宙を創っていることがわかると、ますます悩みなく天然の状態が愛《いと》おしくなってきます。

沖縄は、天然の人が多いです。歌って踊って、とても陽気です。

天然人が多い沖縄で、ついに、逆さ虹が出ました！　それもニュースに発表されて、たくさんの人々が見て、写真も紹介されました。何でもあり～の沖縄らしい現象です。沖縄で逆さ虹が出たら、本土でも世界でも出るかもしれません。

面白いです。誰かがきっと「逆さまの虹が出ないかなぁ～」と思ったのでしょう！　さすがです。この地球劇場では、思うと叶うのです。

どんどん楽しいことを思いましょう！

ゆるゆるの沖縄では、仕事がなくても、「なんくるないさぁ〜」（なんとかなるさ〜）なのです。

同じ意味のフランス語が、「ケセラセラ〜」で母がよく歌ってくれた子守唄です。「ママ、もっと普通の日本の子守唄を歌って〜」とリクエストすると、さらにボリュームが大きくなって、「ケセラセラ〜なるようになるさ〜先のことなどわからない〜ケセラセラ〜」と元気に歌い続けてくれました。

まさか将来、同じような天然の沖縄に移り住むようになるとは、本当に「先のことなどわからない〜」でした。

沖縄の桜は寒緋桜《かんひざくら》といって、紅梅のように天然のマゼンタ色です。

1月末から2月のはじめにかけて咲きます。桜と違って、ポトン、ポトンと散ります。本土の桜のソメイヨシノのように、ハラハラと散らないのです。

本土の淡いピンク色のソメイヨシノは、ハートからあふれる愛の光線と同じ色です。沖縄の寒緋桜は、マゼンタ色で天然を引き出し、本土のソメイヨシノは、淡いピンク色で愛を引き出すのです。

沖縄では寒緋桜の木の下で宴会をする習慣はありません。ただ見て写真を撮るだけで、

「中今ごきげん」になるのです。

北部八重山には、寒緋桜がたくさんあります。たくさんの人々が集まって、車がいっぱいです。

平日には、老人ホームのマイクロバスがたくさん集まってきます。

週末には、地元の家族連れや観光客がたくさん集まってさらに賑やかです。

本土と同じように、沖縄でも桜を見ることは、とてもわくわく楽しいのです。

本当に「中今ごきげん」になります。しかも沖縄の桜の色がマゼンタ色で天然（アマ）の色なのです。

しかも、それが古代カタカムナ人と同じように、天然のアマに満たされるのですから、沖縄の人々にとっては、とても大切な旧暦のお正月のあとのイベントなのです。

日本で一番早く咲く桜、寒緋桜が天然のマゼンタ色だということが、びっくりです。「すべては琉球＝地球のへそから始まる」というのは、本当かもしれません、

ちょうど、沖縄の寒緋桜が満開のときに、沖縄大好きな親友が娘さんと一緒に海の舞に泊まりに来てくれました。娘さんは、航空会社に勤めていてせっかくの休みを母娘でハワイにと思っていたら、希望者が多くて、行けなくなり沖縄を選んでくれました。

沖縄は日本語が通じるハワイです。咲いている花も同じです。

ただ寒緋桜は、沖縄にしかありません。せっかくなので、本部の八重岳の寒緋桜祭りをお勧めしました。マゼンタ色の寒緋桜と手作りの今帰仁《なきじん》そばを堪能して「中今ごきげん」になりました。

そういえば娘さんも天然ガールです。まったく悩みがなく突き抜けています。

いつもニコニコ笑っています。仲間たちが過重労働に耐えかねてどんどん辞めていきますが、楽しそうに働いています。

私たちみんなが「中今ごきげん」になったら、あっという間にこの世が天然（アマ）の世界になって、どんな心配ごともなくなり、いつもニコニコ笑顔で楽しく素敵なユートピアの世界になります。

天然人がいっぱいの沖縄から、世界にたくさんの沖縄の人＝天然人が移り住んで、活躍しています。

1990年から、5年に一回、ふるさとの沖縄に世界から沖縄人が集まって、「世界ウチナーンチュ大会」を開いています。世界に40万人いる海外移民など沖縄にルーツをもつ海外の沖縄県系人を招待して開催されているのです。

2011年の第5回世界ウチナンチュ大会には、私も恩納村《おんなそん》のカルチャーセンターでフラメンコを習っていたので、恩納村のイベントに参加しました。

フラメンコの衣装は、スペイン的な赤と黒が多いのですが、どうしてもピンクが好きな私は、ピンクとマゼンタ色の衣装を作って参加しました。まだ初心者だったので、ひたすらニコニコ笑ってまわっていました。赤黒の中で天然のマゼンタ色が浮きまくっていたと思います。

「あのピンクの人の笑顔がよかった」と評判がよくて、フラメンコの先生から次のレッスンのときに、「フラメンコもこれから笑顔で踊りましょう！」という天然の流れになってしまいました。懐かしい思い出です。

もし私がスペインに生まれていたら、フラメンコをマゼンタ色に変えてしまったかもしれません。笑顔で踊ることになってしまうかもしれません。天然の力はすごいです〜。

あなたも、「中今ごきげん」で、天然に突き抜けて、おめでたくなりましょう！

何が起きても大丈夫になります。

「中今ごきげん」で天然になります！

アマウツシで「エゴモンスター」が消える！

クリニックに、とても暗い再診の女性の患者さんが来たことがあります。

全身黒のファッションで、「もう怪物みたいな夫と一緒にいたくないんです、脅しても、けなしても反応がなくて〜大好きな沖縄に移住したくてもお金がなくて〜どうしていいかわからない〜前の方はたくさん笑っていてうらやましい〜」と暗い演歌を聞いているみたいでした。

表面意識の私は、「どうしよう。最後にこんな暗い患者さんが来て、どないしよう〜」と気持ちは関西人になってしまって、ほんまに困ってしまいました。

私も、「何を期待して、沖縄まで来たのでしょう〜?」と本音を言ってしまいました。

「本当にそうですよね〜こんなに暗い私が来たら、さすがの啓子先生まで暗くなってしまいますよね〜」

そのままではどうにもならないので、ヒーリングをしたら、びっくり！

ヴォイスヒーリングでアマウツシが起こり、魂さんからのメッセージが、

「愛の力で、だんなのエゴモンスターが消えました〜もう大丈夫です〜心の中は青空で晴れていいます」

と思いのほか明るくて、それをご本人に伝えて、ふと見たら、黒の服の切れ目から青空色のタンクトップが見えていいました。

「あら、黒一色かと思ったら、中は青空の綺麗な水色じゃないですか〜」

「えっ、ちゃんと隠していたのに、水色が見えていたんですか～ヒーリング受けていたら、いつの間にか、主人と一緒に沖縄に移住しているイメージが出てきて、びっくりです」

「ご主人が怪物に見えたのは、本当のご主人ではないエゴのモンスターをあなたも半分以上作ってしまったみたいよ～」

「えーー、やっぱり私が原因でしたか！」と大爆笑になりました。

エゴモンスターとは、本当の自分ではない偽りの自分がモンスター化しているのです。しかもご主人自身がすべて作ったものではなくて、半分以上は、彼女自身が作ってしまったモンスターでした。

それに気づいて、しかも青空の水色タンクトップが顔を出していることにもびっくりして、その日一番の素敵な笑い声が響き渡りました。

暗い演歌かと思ったら、明るい万歳に変わりました。

アマウツシで天然の世界からアマの要素を引き出すと、どんな暗い雲も突き抜けて、笑いいっぱいの世界になります。

どんな暗い黒雲がぶ厚く自分を覆っていても、素晴らしい愛の振動で突き抜けて、天然のアマの世界に到達すると、本来の自分の光とつながって、素晴らしい展開になることを体験しました。

このときは、不思議にも、自分の診療の素晴らしさに自分も感動して、そのあとの夕食のとき、思わずビールで乾杯してしまいました。自分の仕事に酔いしれるなんて、ありがたくて嬉しい限りです。

私も彼女と同じように、自分のエゴモンスターと長い間戦ってきました。自己嫌悪がひどく、劣等感にさいなまれ、暗い黒雲に覆われて、お先真っ暗な人生を送っていました。

そんな体験もあったからこそ、今は昔の自分にそっくりの人を癒すことができます。癒すというよりも魂のメッセージを伝えるお役目をさせていただいています。

生きがいのある仕事をありがたく思っています。

自然界と同じように、どんなに黒雲が覆っていても、そこを突き抜けると上は青空が広がっています。

彼女がファッションで示してくれたように、隠せない美しい水色がチラリと見えているのです。

天然のアマまで突き抜けていきましょう！　そのとき、自然に笑いが出てきます。大笑いすると、さらに突き抜けて、すっきりします。

必ず晴れ渡る日が来ます！

ありのままの自分を受け入れて「天然人」になる

あなたは、まだエゴモンスターと戦っていますか？

本当の自分ではない、偽りの自分のことをエゴといいます。そのエゴが強くなるとモンスター化します。

エゴモンスターは、批判が好き、世間体が好き、恥が好き、罪悪感が大好きです。どんどん波動を下げるのが名人です。悲劇のどん底に行って、悲劇の主人公になれます。これが結構酔えるのです。同情を集めることができますが、一時的です。

エゴモンスターは、愛で溶けます。自分をそのまま受け入れて、認めて、ほめて、大好きになってあげると、すっかり消えていきます。

あなたも、エゴモンスターを愛で消して、天然の世界に突き抜けましょう！

ぶっ飛んでいる人は、天然人です。

天然人になるために、どうやったら、天然に突き抜けるかを知っていると便利です。

大事な家族や親友が、苦しんで電話をかけてきたときに、私の場合は、ヴォイスヒーリングという便利な方法があります。電話ですぐにできて、落ち着いてもらうことができます。

もちろん、すぐに飛んで行って、ハンドヒーリングできるときは、それもします。アロマやクリスタルを持って、往診に駆け付けるのです。

最近は、無意識に呼ばれたら、寝ている間にヒーリングにあちこち飛んで行っているそうです。いろんな患者さんに、夢の中で啓子先生からヒーリングしてもらって楽になったと言われることが多くなりました。

きっと孫悟空のように分身の術を使って、あちこちヒーリングに回っていると思います。これは、夢の中が本当の自分の世界なので、可能なことなのです。

先ほど、本当に親友からSOSの電話があって、すぐにヴォイスヒーリングで苦しい発作が収まりました。ヴォイスヒーリングの間は、アマウツシができるので、相手のエネルギーの状態が読めます。読みながら、ブロックを解放して、光の突破口へと導きます。落ち着いてくると、自然にヒーリングを受けた本人がブロックの原因を話しはじめます。それを受け止めてあげたら、自分で答えを見つけます。

ひたすら受け入れて聞いてあげることです。ここで大切なのは、判断しないことです。批判したら、一気にハートは閉じていきます。上手に答えが自分の中から湧いてきたら、パーっと光があふれてきて、安定と落ち着きが出てきます。

問題も答えも自分の中にあって、それを引き出すお手伝いをするのがヒーリングです。

だから本当は癒してあげるのではなく、ヒーリングのお手伝いをするだけです。

あまりにも自我が出てしまうと、エゴモンスターができてしまいます。エゴモンスターが立ちはだかる医師やヒーラーが多いです。威張っている医師やヒーラーに出会ったら、にこやかに退散しましょう！　穏やかな腰の低い性格のヒーラーを探して、穏やかな関係性を持ちましょう！

お互いに、天然に突き抜けて、「中今ごきげん」の交流を楽しみましょう！

人生は、今の自分が決める

自分の人生は自分で決められる

とても当たり前のことなのですが、結構勘違いしている方が多いのが、「自分ですべて決められる」という大事な人生のしくみ&宇宙のしくみを忘れていることです。

人生の体験もすべて、誰か偉い神様みたいな人に命令されて、しかたなく体験しているのではないのです。すべて自分の意志で選んで決めているのです。

もちろん人生のシナリオを書くときには、マスターのような人が2~3人そばにいてくれます。今回の人生のシナリオを書くときも、マスターがそばにいて、ずっと段取りしてくれる守護天使もそっと見守っていました。

もちろん、日々の細かいことまでは決めていません。

大事な大きな出来事は、生まれる前に決めているかもしれませんが、だんだん生まれ変わりが多くなると、オプションが増えてきます。そのとき決める喜びを残しているのです。

人生のしくみは、海外旅行に似ています。

生まれ変わりが少ない人は、初めての海外旅行のように、細かい行程も食事も決めてもらっています。

今の日本人は、かなり生まれ変わりが多い魂です。

平均、4000回だそうです。

「胎内記憶」を研究されている産婦人科医の池川明先生の講演で知りました。地球での平均生まれ変わり回数が400回だそうですから、10倍とはかなり多いです。つまり日本に生まれ変わる人は、体験が多いということです。それで寛容さが、人を許す心の広さがワイドなのでしょう！

池川明著『胎内記憶が教えてくれた　この世に生まれてきた大切な理由』（青春出版社）もぜひ読んでみてください。もっと詳しい情報が得られます。

「自分で決める」と宇宙に応援される

原子爆弾を広島と長崎に2回も落としたアメリカをすぐに許して、財政的に破綻しているアメリカをずっと支えているのですから、本当にお人よしで心が広いです。無条件の愛にあふれています。

3・11のときにも、どこにも暴動が起きずに、列をなして支援物資をもらったり、譲りあったり、世界中の人々を感動させました。

日本人は、行列を作るのが得意ですが、実は日本が今生まれ変わる国の一番人気で、生まれるときに、行列を作って生まれてきたそうです。だから日本人は、行列を作るのが得意なのです。なかなか笑えないという患者さんに、この話をしたら、のけぞって笑ってくれました。

何度も生まれ変わって体験が豊富になってくると、自然に寛容になって、行列を作るのも、自分や他人を許すのもできるようになってくるのです。

日本人はお掃除が大好きです。海外に行くと、あまりにも汚いところが多いので、日本に帰ってきてほっとします。

それにも意味があります。

せっかくの美しい場所に、ごみ屋敷ができるのは、歪《ゆが》みができることによって、新たな渦ができます。

そのためには、私たち一人ひとりの思いが集合して渦を作ります。

渦ができて、流れが変わります。

一人ひとりの思いが、世界を創っています。

自分の人生も自分の思いで創っているのです。

まずは、決めましょう！

自分がどうしたいのか、どうありたいのかをしっかり決めましょう！

決めると、その決断のパワーが宇宙に伝わって、その流れに向かうプロセスができます。

それが宇宙の応援になるのです。

宇宙は愛に満ちています。

自分がどうなりたいのか、どのような体験をしたいのかをはっきりと決めると、宇宙は喜んで応援してくれます。自分の宇宙は自分の思い次第です。

今ここの中今を自分で決めましょう！

今までの自分をゼロにして、新しい自分になる

まわりの応援団に何をしたいのかを伝えましょう

あなたのまわりには、素敵な人生の応援団がいます。

家族や友人や恩師など、その人によって、応援団の構成は違います。

自分がこうしたい、こうありたいと決めたことを、すぐにまわりの応援団に伝えましょう！　語りましょう！　LINEしましょう！　フェイスブックにアップしましょう！

人の数だけ宇宙があります。

まわりの人々の宇宙に「新しい私はこうなります！」と宣言することで、相手の宇宙にも自分がなりたい姿をインプットできて、濃くなってきます。

「私は、若くて、元気で、いつも中今ごきげんです！」

人生すべて思い込みです。

どのように強く思い込むかで、そのようになっていきます。

思いだけでなく、声に出して、音声化すると、もっと思い込みが強くなります。

「宣言すること＝アファメーションすること」が、夢実現の最短距離になります。

そのとき、今までの自分をいったん白紙に戻して、ゼロにして新しい自分のイメージを強く思います。

そのイメージを中今の胸に収めます。手を胸に置いて、新しいこうありたい自分のイメージを浮かべながら、にんまりしてください。

すでにそうなっていると思ってしまいます。これが新しい自分への思い込みになります。胸にしまうとしっかりインプットできます。

試しに、今すぐにやってみましょう！

私も、そろそろ「宇宙アーティスト＝コスミックアーティスト」になると宣言して、フェイスブックにアップしました。

宇宙のしくみを描いたカタカムナウタヒの絵を描いています。

如意輪観音の仏像彫刻をしています。

メキシコの毛糸アートのネアリカにもはまりました。

いろんな自己表現を楽しんでいます。それをもっと大々的に表現することが宣言なのです。

とてもいい気持ちになります。「中今ごきげん」になります。どんどんその気になって、創造性が爆発します。

わくわく、ルンルンです！

職場の人には、自分がどんな仕事をしたいのかを、言葉で伝えておくと、したい仕事が必ずやってきます。どの部署に行きたいかも伝えておくと、移動のときにその部署へ行けます。

まわりに配置されている人々は、大切な応援団だと思いましょう！　その人たちにやりたいことを伝えておくと、本当に叶っていきます。

もちろん、逆パターンも大切ですから、人から何気につぶやいていた願望は上司に何気に伝えてあげましょう！　お互いに応援することで、それぞれがちょうどいい部署につき、その人ならではの才能が発揮されます。

潜在意識にすっと入るのは、さりげなく、何気にくらいのふわっと感が入りやすいです。大々的に強く言うと、威圧感を与えてしまって、反発を受けやすいのです。さりげなく、ふわっと伝えることをお忘れなく〜〜と、これも何気にふわっと伝えています。

今が夢実現のチャンス

今、思い込みを変えるチャンスです。

特に、令和の時代になって、夢実現のパワーが強くなっています。

私たちの思いの力が強くなっていて、さらに地球を取り巻くエネルギーも強くなっているのです。

太陽系のパワーもアップしていて、なかなかない素晴らしい環境の中にいます。こんな時だからこそ、「中今ごきげん」でゼロ・パワー全開して、しっかりと自分の根源の宇宙につながりましょう！

自分軸がぶれない不動心になって、輝かしい自己中心的な状態を保つことができます。

地球自体の軸が今動いていて安定していないので、つられて自分の軸がぶれると、あれ～～ということになります。自分の感覚を信じてください。

自分の宇宙の外側は、天然アマの世界ですから、「中今ごきげん」状態で、おめでたい天然の意識でいると、どんなことがあっても突き抜けて、大丈夫になります。そのときに必要な決断の直観やインスピレーションを天然アマの世界から引き寄せることができます。

「あなたの考えは甘（アマ）すぎるのよ〜」とよく言われる人は、天然人です。

喜んでください。

「あなたって、天然ね〜」と言われたら、これもスピリチュアルなほめ言葉です。ニコニコ笑顔で喜んでください。

ついでに、「知ってる? 天然が宇宙を創っているのよ〜」とチラリと宇宙の真理を教えてあげてください。話が広大になってしまって、びっくりされますが、お互いに軽やかなお得感が残ります。もし、相手のファッションに天然のマゼンタ色があったら、「このマゼンタ色が天然の色なのよ、何気にあなたは天然を選んでいるのよ、素敵ね〜〜」とほめてあげましょう!

相手の魂さんは、とても喜ぶので、いい感じで雰囲気が和みます。

お互いに、胸の奥の魂さんは、宇宙の真理や天然アマのことを話題にするととても喜びます。

私たちは、いろんな体験をしにこの世に来ていますが、「宇宙の真理」に触れたり、話の流れが、「人生のしくみ」「宇宙のしくみ」に行ったりすることをとても喜びます。

私たちの魂は、表面意識が自分とは何者かを追求する意識になってほしいのです。

中今は永遠に続いている

「あの世」の意味

私たちは、光の世界からやってきて、この世でいろんな体験を積んで、また光の世界に帰っていきます。もちろん体験した分だけ、輝きが増すので、もとの世界よりも、さらに輝く自由で楽しいのびのびした光の世界に行きます。

それもベストタイミングで行くので、あの世に帰るときを「寿命」と言って、お祝いの「寿」が入っています。

あの世では、無事に帰ってきて、先に戻った魂さんたちと一緒にお祝いのパーティだからです。

死は消えるのではなく、場所移動です。

この世で活動するための器である肉体を宇宙からお借りしてきたので、それをお返しして、光の世界へ移動します。

病気で入院していた場合は、移行がスムーズです。本人も家族も覚悟しているからです。これまでの人生を振り返って反省や感謝ができます。

事故で亡くなると、本人の死の自覚がなくて、事故現場に血だらけの自分の遺体があって、それを見ている霊体の自分があるのもわかって、びっくりします。

事故死の場合は、自分が死んだことを葬儀でわかることが多いです。

葬儀では、本人の遺影や周りの人々の喪服が、本人に死んだことを知らせています。肉体を脱いでも、霊体があるので、「どうして自分はここにいるのに、気づいてくれないの？」と不思議に思います。

葬儀でも、わからない場合は、しばらくこの世に残ります。49日間がこの世に残って挨拶まわりができる日数です。

葬儀や四十九日にも意味があるのです。

まわりの家族の執着が強いときは、「行かないで～」と引っ張られて、光に帰りにくいので、引っ張る家族がいないときを狙って帰ります。

「よく頑張って生きましたね～ありがとう！　あとは大丈夫だから安心して行ってね～」と気持ちよく光への移行を促してくれる家族の場合は、見守られながら行きます。

できれば、一人で亡くなる方が、スムーズに光の世界、あの世に帰れます。

理論物理学者の保江邦夫先生の本『せめて死を理解してから死ね！〜孤独死のススメ』（VOICE）には、「孤独に一人で死ぬほうがいい」と解説されています。

びっくりしたのが、必ず死ぬときのBGMがラヴェルの「ボレロ」の曲が鳴るそうです。大好きな曲ですが、まさかのびっくりです。ラヴェルが作曲したというよりも、もともとの曲をインスピレーションで聞き取ったのです。

どんな人にも最期は、『ボレロ』の曲が聞こえてくるそうです。嬉しいです。

そして、毎晩寝るときに「ただいま〜」という練習をしておくといいそうです。あの世に帰るときに、「ただいま〜」と言えるようにです。

実は、毎晩寝るのは、一時あの世に帰っているようなものです。必ず翌朝目が覚めるとは限らないからです。

一日が終わって、カルテも書いて、本の原稿も書いて、お風呂に入って寝るときに、主人と猫の桃ちゃん、花ちゃんの寝息を聞きながら、そっとベッドに入るとき、幸せを感じます。「中今ごきげん」で眠りにつきます。

寂しがり屋の私は、一人寝を好みませんが、いつでも光に帰る覚悟はできてきます。片づけがまだなので、準備はまだですが、そろそろ終活の時期です。

遥か昔から、ずっと、今という感覚のまま「永遠のいのち」を生きています。

たとえ死んでも、意識はずっと今です。

中今は、永遠という時のない流れを続けてきました。これからも続いていきます。

毎晩寝る前に、宇宙に飛ぶ友人もいます。毎朝、「ただいま～」と戻ってくるそうです。

だんだん多次元的に生きるようになると、あの世に行っても、宇宙の好きな星に飛んでも、どちらも「ただいま～」になりますね。

戦いは終わりました

「早く光に帰りたいの、もうこの世にいるのはつらい～」と訴える女性がクリニックに来ました。自分のためよりも家族のために生きてきたそうです。

愛と笑いの過去生療法をしてみたら、気になる父親が過去生で、息子だったのですが、正式結婚の子どもではなく、そのときは育てることができなくて、今回母親ではなく娘なのですが、まるで母親のように育ててきた再育児がようやく終了したと魂からの大切なメッセージを受け取って、解説しました。

「父が息子でしたか～～」と感慨深そうにしてほっとしていました。さらに、

「もう一つは、燃えた首里城の跡地が、昔オリオン星座からやってきた巨大な母船が降り立った地で、ゼロ磁場です。5回目の火災で、いよいよ戦い続けてきたオリオン大戦が終結したのです。あなたも立派なオリオン戦士でした。もう戦わなくていいのです。やっと戦いのない世界に住めるのです。ここからは笑うところです。オリオンの母船が下り立ったせいか、沖縄の地ビールの名前がオリオンビールなのです！」

「本当ですね！　オリオンビールですね！　面白いですね～そういえば、私、ずっと戦い続けてきて、宇宙にただ一人残されたイメージがこのところよく出てくるのです。なぜかと思っていました。オリオン大戦でしたか！」

「はい、それを描いたのが、スター・ウォーズです。昨年の暮れにやっと9作目の最後の映画が放映されました。ハッピーエンドでした」

もう戦わなくていいとわかって、ヒーリングを受けてから、とても体が軽くなったそうです。まるで、体を締め付けていた鎧《よろい》を脱いだかのように、楽になってニコニコ笑顔で帰っていきました。

オリオン星座から、巨大な母船が地球に来たのは、いつ頃なのでしょうか？

ネットで見ると、最近でも2017年にオリオンからの巨大な200㎞もある葉巻型の母船が撮影されています。

2006年から、ハッブル宇宙望遠鏡に写っているそうです。

エジプトにも壁画のヒエログリフに葉巻型の宇宙母船や電球が描かれています。紀元前2750年ごろだそうです。

5千年も前に、高度な文明がエジプトにあったのでしょうか？

何より、有名なギザの三つのピラミッドの配置が、正確にオリオン座の三ツ星と一致していることが最大の驚きです。配置だけでなくピラミッドの高さが星の輝きの強さとも一致しているそうです。

インドやパキスタンにも5千年前に核戦争があったと思われる遺跡が残っています。

実際にパキスタンのハラッパのモヘンジョダロの遺跡に行ったときに、地層にガラスが溶けたのを見ました。

突然、英語が堪能なターバンの男性が現われて、5千年前にあった核戦争の歴史を語ってくれました。モヘンジョダロは、シェルターとしてつくられたそうです。解説が終わって、振り向いたときに消えていました。彼も宇宙人だったのでしょうか？

オリオンで戦いに飽きて、愛の星地球に来たのに、地球でもずっと戦ってきたのですね！

それもそろそろ終わりを迎えることができて、本当に嬉しいです。

クリニックでの患者さんのヒーリングを通して、その流れを感じることができて、すぐにこうやって本に書いて報告できて、さらに嬉しいです。

私たちの意識は、ずっと永遠に続いて、中今を保っています。

もう私たちみんなの中今が、ごきげんになってもいいタイミングなのです。

日本には、安定した平和な時代が、縄文時代の1万2千年間と江戸時代の400年間の2回ありました。アジアの植民地を解放した大東亜戦争の後も平和な時代が続いています。

日本のおかげで自由になったアジアがどんどん独立して今日があります。

平和を実現した実績があるから、日本が中心になって、これからの平和な地球をつくっていくのです。

実は、「沖縄」という名前は、「沖に追いやられた縄文人」の意味があるそうです。

だから、縄文人を追いやった琉球王朝の象徴の首里城が燃えたのも意味があって、本当の縄文時代がもう一度、到来する象徴的なことなので、再建されなくてもいいのだと保江邦夫先生がおっしゃっているのを動画で見てびっくりしました。

やっぱり、私は、沖縄県人としては、何とか再建してほしいです。

沖縄県としては、まず、世界文化遺産になっている、首里城の土台をガラス張りにして見せるそうです。これからどのような流れになるのか、祈りながら見守っていきたいと思います。2022年から着工して2026年に再建されると発表がありました。

意識を向けたところにエネルギーが注がれます

あなたの「中今度」は何%?

中今に意識を向けるとは、今この瞬間に意識がどこにあるかです。

意識を向けるところに、エネルギーが注がれます。同じところにいても、意識が飛んで、別の世界にいると、影が薄くなります。そこでの存在感がないのです。

意識を向けた別の世界では、存在感が強いです。

「今ここ=Be here now」の中今に意識が向いてここに集中していると、この世に生きている感覚をしっかりと味わうことができます。

自分も含めて、この瞬間に周りの人々が、どのくらい中今に意識が集中しているのかを感じてみると、それぞれの「中今度」がわかります。

「中今度」という面白い新語が登場です。

あなたの「中今度」は何%ですか？

決して、みんなが中今に100%いるわけではないのです。

Amazonプライムで、『忘却のサチコ』という面白いドラマにはまって、本を書いては、ご褒美に一話ずつ見ました。

結婚式で花婿が逃げてしまい、大きなトラウマを抱えたサチコさんが、彼を思い出すたびに、そのとき出会う美味しいものを食べて、健気《けなげ》に彼を忘れようとするのです。

毎回、美味しいものが出て、本当に美味しそうに食べるサチコさんは、食べているとき、中今に集中して意識が100%そこにあります。

私たちは、この世で美味しいものを食べているとき、意識が100%中今にあって、しっかりと堪能しています。

美味しいものを食べるという行為がこの世に集中させてくれているのだとしみじみ見ていて、人生の醍醐味《だいごみ》を感じました。

今テレビでも美味しいものを紹介する番組が多いです。

でもそれで中今度が100%になるなら、そのときの恍惚状態の体験によって得る幸せ度がマックスになって、この世に来た意味が増してくるのです。

究極は、今食べたいものが自分に必要なエネルギー源ですね！

「未来の自分」からのメッセージを受け取る

この世に来た意味を考えてみると、光の世界で、ただひたすらピカーッと光っているのに飽きてきたのと、光とは何か、光である自分をもっと知りたくなって、探求するために手分けして、この世に降りてきています。

私たちそれぞれの思いが違うことを活用して、いろんな体験をして、それを持って、また光の世界に帰ることによって、光としての全体の探求が深まっているのです。

それだけではなく、**「人のためになること」「幸せを感じること」も大切な意味を持っています。**

「幸せを感じること」は、ほとんどの人が目標にしていますが、「人のためになること」は、生まれ変わりの回数が増えてきたら、自然に自分の楽しみや幸せだけでなく、他の人々も幸せにしたいという気持ちになって、この目標を掲げて生まれてきます。

生まれ変わりの回数が多い日本人は、ほとんどの人が人をいたわる思いやりがあります。それで日本人は親切で優しいのです。

荷物を忘れても、たとえ財布でも戻ってきます。

中今を「幸せ〜〜」と感じて、誰かのために何かできたら、さらに幸せになり、毎日が充実してきます。

「未来の自分」が今の自分にさらに幸せになるためのメッセージを送ってくれます。

それをしっかりとキャッチするには、中今に意識を集中することです。

えっ、未来の自分からのメッセージ？？？

そうなのです。「中今ごきげん」にしておくと、時空が自由自在になるために、未来の自分からもとても貴重なメッセージをもらえます。私も今もらってこの本を書いています。びっくりですね〜！

だから、新しい内容が本に書けるのです。過去の自分の本をコピーしても面白くないですからね。もちろん基本的なことは大切なので、ずっと「すべてはうまくいっている〜」という最強の言霊は、繰り返し言っていますが。

中今の中に、ちょっと前の中今と、ちょっと後の未来の中今があります。

刻々変わっていますが、意識はずっと今を感じています。

最近のヒット言霊は、「行き当たりバッチリ〜！」です。

声に出して言いながら、バッチリのところで、右手の親指を前に出してください。自分の潜在意識に瞬時にインプットされて、3回唱えると、確実に新しい思い込みになります。

はい、やってみましょう！

「行き当たりバッチリ〜！」

「行き当たりバッチリ〜！」

「行き当たりバッチリ〜！」

「行き当たりバッチリ〜！」は、本番に強くなります。

この言霊も未来の自分からのインスピレーションだと思います。

日本人は、特に「行き当たりバッチリ〜！」です。生まれ変わりの回数が多いので、体験が豊富ですから、その分才能が多くて、自分の宇宙の引き出しから瞬時にあの手この手を出してきて、本当にバッチリになるのです。

「才能＝過去生で体験したこと」なのです。

これをしっかり、潜在意識にインプットしておくと、いろんな場面で有効です。

なかなかできないときは、初めての体験なのだと、わくわくチャレンジする気持ちを自分で盛り上げてください。

あまり練習していないのに、すっとできるときは、前にも体験してきたのだと昔の自分に「昔、頑張ったのね〜ありがとう！」とお礼を言うと、自分を認めることになって、さらに冴《さ》えてきます。

才能を開く素敵な香り＝アロマがあります。

ジャスミンです。

だから、さんぴん茶＝ジャスミン茶を年中飲んでいる沖縄の人々は、才能があふれて芸達者なのです。

ジャスミンを嗅ぎましょう！

ジャスミン茶、さんぴん茶をぐびぐび飲みましょう！

ジャスミンで、才能開く～～

ますます、行き当たりバッチリ！

グループでも、中今ごきげん

魂の生まれ変わりと地球の進化の関係

生まれ変わりが多い日本人は、みんな多才でマルチ人間です。

いろんな文化を吸収する力も抜群です。江戸末期に鎖国が終わったら、あっという間に近代文明を吸収して、同じように真似するだけでなく、さらに発展させて、素晴らしい国になりました。

幕末日本に来た外国人の手記からの情報では、日本が鎖国している間に、読み書きそろばんができる人が96%という世界一の教養度になりました。寺子屋制度の教育が土台になったおかげです。

当時のイギリスでは読み書き計算ができる人が16%しかなかったのですから、幕末に日本に来た4千人の外国人がびっくりしたのも当然です。

あのまま鎖国していれば、もっと平和が続いたでしょうが、日本だけでなく世界に平和を広めるために開国しました。

イギリスの産業革命を起こした技術者たちが、ごっそり日本人に生まれ変わって、その才能を開花しているので、当然進むわけです。

逆もあります。江戸時代の浮世絵師たちが、ごそっとヨーロッパに生まれ変わって、印象派の作品を楽しんで描きました。浮世絵を参考にしたのは、昔の自分たちの作品を見て、才能を開いたのです。

こうやって、私たちの魂は、個人で活動するだけでなく、グループで動くこともあります。あっちこっちに移動して、地球全体の文明を進化成長させてきました。

さらに平和への広がりが大きくなって、地球の平和のために、いろんな星からごそっとグループで地球に応援に来ています。

クリニックでの愛と笑いの過去生療法で、プレアデス星団からのグループとシリウスからのグループの方々がいらしてくださっています。プレアデスは、科学が発達しているので、とてもクールでスマートなエネルギーを感じます。

クリニックの患者さんで、プレアデス星団の時代に科学者だった魂さんが、美しくて日本人離れしたお母さんに連れられてきました。

不登校の男の子で11歳、地球での過去生が、モンサンミッシェルの修道士とアメリカの宇宙飛行士で、スペースシャトルの事故で亡くなっていました。

真っ赤なフード付きのジャンパーに星条旗のワッペンが付いていました。

ファッションは、とても大切で、セッションで解放される時代の服を着てくるのです。フード付きの服は、修道士の制服を表わしています。「えっ、フランスの製品を扱っています。いつか息子とモンサンミッシェルに行きたかったのです！」とお母さんがびっくりしていました。

授業には出てなくても、公文式の算数で6年生のところまでやってしまって、頑張りすぎて、へとへとになっていました。勉強したい意欲は十分にあります。

最初はすぐに帰りたがっていましたが、クリスタルに興味を持ち始めて、特に紫色のアメジストとヘマタイトの磁石が気に入って、最後は帰りたがらない様子にびっくりしました。

職場にどう見ても宇宙人のような人が来て、彼に魅了されて、世界が広がって楽しくなってきたという女性もいました。

ヒーリングをしたら、彼はプレアデス人で、彼女と夫婦だったので、好きになるのは当然だと解説しました。

「ここに来てよかったです。誰にも話せなかったので、すっきりしました」

プレアデス人で夫婦だったことがわかっただけでも彼女はとても嬉しそうでした。彼は、彼女を助けるために、来てくれました。そして、地球のユートピアの応援という大きな目標もあります。彼女もプレアデス人だったことに目覚めて、明るくなって、本当によかったです。自分が何者かがわかって、地球の平和の助っ人に来ているとわかると安心してくれます。魂の通訳として、生きがいを感じます。

金星人からの応援

太陽系のグループもあります。金星です。3千〜4千人の金星人が地球に来て、ユートピア活動を展開しています。どんどん増えているかもしれません。金星のエネルギーは、創造性やファッションを重視しています。カラフルで独創的です。

元金星人もクリニックによく来られます。

自分が金星人だとカミングアウトされたアメリカ人の女性、オムネク・オネクさんにそっくりの日本女性が来院されたことがあります。

南仏のジプシーの時代がある人で、とても自由人なのですが、そのあとに出てきた過去生が金星人だったので、さすがの私もびっくりでした。しかも有名なアメリカの金星人のオムネク・オネクさんと、金星時代に友人だったのです。顔も髪型もそっくりだったので、ご本人かと思ったくらいです。

「あなたは金星人でした。それもアメリカのカミングアウトしたオムネク・オネクさんの友人でした。ほら、似ているでしょう?」とオムネク・オネクさんの本『私はアセンションした惑星からきた〜金星人オムネク・オネクのメッセージ』(徳間書店)を見せたら、

「えーーー、私もこの本を読んだことがあります! びっくり! 私はオムネク・オネクさん本人ではないのですね?」

「ええ、彼女は、まだアメリカで生きておられます。でも本当によく似ていますね!」

私も、オネクさんのファンなので、興奮してしまいました。

10年前は、私もまだ宇宙人関係が苦手でしたが、さすがに最近は、私たちみんなの意識も宇宙的になってきて、宇宙人に対する抵抗がなくなりました。

患者さんの過去生が宇宙人でも、驚かなくなりました。

むしろ、最近は、わくわくして、楽しくなってきています。

あなたのまわりにも、とても変わった宇宙人ではと、思える人がいませんか？

きっと、地球のことを心配して、応援に来てくれている宇宙人です。ありがたいことです。

それだけ、地球に今応援が必要なのです。

今はアナ雪2が「水が波動を伝える」という大事なことを世界に広めています。

アメリカのアカデミー賞の発表会で、松たか子さんが世界中の歌手と一緒に、アナ雪の『レット・イット・ゴー（ありのままで）』を高らかに歌って、また聞きたくなりました。

世界中の人々を「ありのままの天然でいいのよ〜」と天然アマの世界に導いています。

「ありのままの天然でいいのよ〜」と歌っている松たか子さんもきっと元金星人だと思います。彼女の歌い方は、自然体で、天然まで突き抜けていて、キンキン声ではありません。どんなに声を張り上げても優しく愛で包んでくれます。

歌の上手な人は、「自分の歌が上手でしょう?」という思いが強いと、キンキン声になって聞きづらくなります。キンキン声は、エゴモンスターの響きです。

愛で包むように歌うと、優しい響きになります。まったくエゴがなくて、愛を感じます。癒しの声です。ミュージカルを見ると、その違いがわかります。

エゴモンスターが強い歌手が主役だと、だんだん頭痛がしてきます。すぐに帰りたくなります。

愛にあふれていると、もっと聞きたくなります。愛を込めて歌いましょう！
愛を込めて歌うと決めて、歌えばそうなります。
ぜひ、試してみてください。
愛を込めて、ありのままで歌えばいいの～

新しい思い込みで、中今ごきげん

この世界観を知ると、人間関係が楽になる

人生すべて思い込みなので、どう思い込むかで、世界観、宇宙が違います。

「天国や地獄」があるという人も、ないと思う人もいます。

その時代の影響や、体験の影響で、世界観が変わります。

私は、自分の体験から天国は見ましたけれど、地獄はないので、天国だけあると思っています。これも好き好きなので、お好きなように～です。

人に悪口を言われても、平気になります。

お好きなように～！　素敵な勘違い～と思えば、人間関係で悩まなくなります。

好きなように思い込んでいいのです。

天然アマの世界は、批判しないので、「いい、悪い」を判断しません。

好きなように創造させてくれています。

そこが素晴らしいところです。

私は、よく人から「考えが甘い」と言われます。今は、「甘い＝アマい＝天然アマ」なんだと思って、おお、突き抜けた〜天然にいる〜と、うきうきしてきます。

天然アマに突き抜けた方が、必ず楽しい展開になるからです。楽しいものを引き寄せるのです。楽しい人を引き寄せます。楽しい本、ドラマ、現象をどんどこ引き寄せます。悩んでいる暇がありません。

いつも天然で、面白がっているからです。

面白くなくなったら、チェンジです。

子どもたちを見ていると、面白ければ、ずっと集中して遊びます。

面白くないと、パッと切り替えが早いです。

「面白くない、飽きる、退屈」が切り替えのスイッチになります。

モノにも人にも現象にも引きつける魅力があると、面白く感じられます。

本も眠くなったり、飽きてきたり、頭に入ってこないときは、別の本に替えます。3冊くらい並行して読んでいる方が、飽きずに読み進められます。

今は5冊を並行して読んでいます。

本も自分には惹かれても、他のすべての人々の心に響くかどうかはわかりません。それぞれの体験に反応して必要な本を引き寄せています。

新しい思い込みを自分の世界に入れるときに、いろんな情報が本や人やテレビなどからヒントを拾いながら、新しい思い込みをインプットしています。

この本も、あなたの新しい楽しい思い込みのヒントになってくれたら、嬉しいです。

今の自分に必要か、必要でないかで判断してください

この章の最後に、やはり、大事なことを伝えておきたいと思います。

いろんな方が、いろんな世界観を本や講演会やセミナーなどで、紹介されますが、それを聞いて、心地よかったら、どうぞご自分の世界観にインプットして新しい思い込みにしてください。心地よくなかったら、スルーです。

あくまでも自分中心で、自分がどう思うかを基準にしていいのです。

「中今ごきげん」を意識すると、それがとてもクリアに瞬時にわかるようになります。今の自分に必要か、必要でないかで、軽く決めてください。

これを書いているときに、瞑想ルームで休んでいた猫の花ちゃんに、主人が木の扉を少

しずつ閉めながら、「もうすぐゲートが閉まりますよ〜」と声かけしてリビングに入れようとしていたので、笑ってしまいました。

ちょうど、ＹｏｕＴｕｂｅで「3月の春分の日までに、アセンションのゲートが閉まるという問題は、気にしなくて大丈夫ですよ〜」という動画が二つアップされて、見たばかりでした。

ドンピシャのせりふを、知らないはずの主人が、花ちゃんに話しかけていて、面白かったです。「軽くていいなぁ〜」としみじみ思いました。

テレビのニュースで、そればかり取り上げると、信じたい人は取り入れるし、信じたくない人は無関係になります。

テレビがない人、見ない人には、本当に無関係なので、自分の世界に存在しません。

信じてみると、その内容の情報が次々にやってきて、その世界にどっぷりはまってしまいます。

都市伝説のせりふに、「信じるか信じないかは、あなた次第です〜」というのがありますが、本当にその通りなのです。

うっかり病院に行って、検査を受けると、診断がついて、病人にされてしまいます。なるべく病院には近づかないほうがいいです。

やはり、忘れるのが一番です。飲み忘れる薬は、体がいらないと表現しています。好まない現象は、なかったことにすると、パラレルワールドに移れます。

他のことに意識を向けると、そちらのエネルギーの世界が強くなってきます。

必ず、魂さんは、体験したいほうの流れに導いてくれるので、大丈夫です。

本当に、すべてはうまくいっている〜なのです！

感情がセンサーなので、無視しないで、きちんと感じて直観ですすみましょう！

ハッとする心地よい発想やとらえ方をキャッチしたら、すぐに自分の世界＝宇宙に入れて、意識の総入れ替えをしましょう！

必ず、「中今ごきげん」になります。

今の気持ちが最高になるように、ぜひ自分の気持ちを感じてみましょう！

どうしても、自分の直観に自信がないときには、O《オー》リングテストをおすすめします。

左手の親指と人差し指でOリングを作って、右手の親指と人差し指をリングに入れて開こうとして、簡単に開くときはNO、まったく開かないときはYESです。

これが一人Oリングテストです。

この方法は、慣れてくると、とても便利です。

ぜひ、いろんなものを試してみて、習得してください。

明らかに答えがわかっているものからOリングテストをするとわかりやすいです。常識を気にする表面意識や本当の自分ではない、エゴモンスターが立ちはだかって、直観がわからなくなっても、Oリングテストでバリアを突き抜けて、無限のゼロ・パワーに到達できます。無限の天然アマの世界に行けるのです。

そのうちに、直観が冴えてきて、Oリングテストなしでもわかるようになります。直観と思って選んだのがOKかをOリングテストで確認することもできます。そういえば、Oリングの0もゼロですね！

「中今ごきげん」で、ゼロ・パワー全開です！

おめでとうございます！

第4章

本当の自分を生きる！
「リセット」の奇跡

リセットの時代が始まりました

モノやお金への不安がなくなる「宇宙のリセット法則」

「中今ごきげん」の次は、リセットです！

新しい元号、令和を迎えて、**個人も社会もリセットされる現象が見られるようになりました。**

あなたもリセットのタイミングを迎えているのではないでしょうか？

そのために、この本を読んでいるのだと思います。

リセットするときに、一度、スタートに戻って、ゼロからやり直すので、自然にゼロ・パワーを引き寄せます。

そのパワーが無限のパワーと思うと、本当にびっくりするような展開になって、リセットする前よりもずっとよくなっていきます。

試しに、いろんなものを一旦ゼロにしてみると、行き詰まっていたものまで、スルスルと流れがよくなります。

お金の流れや豊かさも同じです。

手放すことで、もっと豊かな世界を引き寄せます。

「お金を貸すときは、戻ってこないと思って貸しなさい」という名言があります。現金の場合は、そう思って貸しますが、借金の保証人になって判を押すときは、うっかりして軽い気持ちで押してしまいます。それで何億円も借金を背負って、返していく芸能人の話がありますが、それもさらに大きく成長するプロセスになって、感動の人生に盛り上がります。

誰かにお金を貸してしまって、取り返したいと思って、そこに集中していると全体がフリーズしてしまいますが、そのお金は過去に借りたものを返したと思って手放すと、ドンと豊かな流れがやってきます。

実は、**宇宙には「愛の法則」があって、自分が過去にしたことを解消するときに5分の1に少なくなって昔の負荷がチャラになるのです。**

この「愛の法則」は、愛と笑いの過去生療法をやっているクリニックでの今までの統計で見つけました。

彼に何百万円も貸してしまって、回収できないで困っていた女性がいらしたときに、過去生療法をしてみたら、江戸時代に彼女が遊女のときに、彼が通って貢いだお金の5分の1だと、魂さんからの解説がありました。

それを私が魂の通訳として、

「江戸時代の過去生のときに、今の5倍のお金を彼から取ってしまったみたいです。5分の1でチャラになったので、実はとてもお得ですよ〜これは返ってこないので思い切って手放すと、もっと素敵な本命が現われますよ！」と彼女に伝えたところ、びっくりして、

「えっ、そうなんですか！　わかりました。もちろん、手放します」とすぐに彼と別れたら、本命の優しい彼が現われて、結婚して、とても幸せになりました。

執着しているものを手放すと、もっと素敵なものを引き寄せるのです！

なかなか回収できないものは、それなりのわけがあるのです。

手放した分だけ新しいものが手に入る

私も詐欺師に引っかかったことが、この人生で2回あります。

1回目は男性で、「抱っこ療法」という音楽を聴きながら抱っこして癒すビデオ作りのときに、途中でドロンされました。あまりにも人を信じてしまう私を見かねて、詐欺の手

口についてのレクチャーまでしてくれました。とても高い授業料でした。

2回目は、女性で、講演会やヒーリングセミナーの主催者でした。オレオレ詐欺に巻き込まれて、銀行口座を凍結されたと言われて、信じてしまい2回分の支払いを回収できませんでした。問い合わせたら、市役所で有名な詐欺師さんでした。トホホです。

1回目はかなり昔なので、過去生療法をしていませんでしたから、どんな過去の解放かはわかりませんが、おそらく私が江戸時代のやくざの親分のときの宿題かもしれません。2回目は、フランス時代の解放だったようです。彼女の好きなファッションが、とても可愛いフリフリだったので、納得です。

もし、あなたが、お金の問題、豊かさの問題に直面していたら、この見方に変えてみるとびっくりの大変革が起きてきます。どこかの時代で、真逆の人生を体験しているかもしれないのです。

チャラにしたけりゃ、手放しなはれ〜〜。

思い切ってあきらめて手放すと、さらなる豊かなコースが始まります。

いつまでもしがみつかないで、パッと手を放してみましょう！

新しい世界が開けてきて、気持ちよく突き抜けて、ゼロ・パワーにつながります。新しい人間関係が始まります。

ほんのちょっとの勇気を持って、手放しましょう！
では、ここで、「手放し音頭」です。

パッパッのパッ～それ、パパンのパ～
ハァ～思いきるな～ら、それ、手放しましょう～ホイホイ
思いきったら、思いきったら、すっきりポン
それ、すっきりポン、すっきりポン～

歌っているうちに、心も体もゆるんできます。ゆるゆるです。
もし、よかったら、自著『ゆるゆるの法則』（徳間書店）も参考にしてください。
心も体もゆるゆる～
人生豊かにゆるゆる～
魂の宿題を片づけて、ゆ～るゆる～
リセット楽しく、ゆ～るゆる～

人生は「振り子現象」

両極の人生を体験するために生まれ変わる

人生は、逆転した体験をしていることが多いのです。にっちもさっちも動かないときは、「もしかしたら、相手と逆の立場だったかもしれない、これでチャラならあきらめよう」と、サラッとした思い方に変わると、するすると流れるようにうまくいきます。

人生は振り子現象のように、両極端な体験を両方体験したくなります。

それによって、相手の立場や気持ちが理解できて、より人間関係がスムーズにできるようになります。

やる側とやられる側を両方体験して、またもとのゼロに戻るかのように見えますが、決して**プラス・マイナス・ゼロではなく、体験という貴重なエネルギーが蓄えられて、光の密度が濃くなります。**

体験の積み重ねは、数字の計算とは違います。

1＋1＝2にならなくて、1＋1＝5や10になったり、時には、100になったりすることもあります。

人脈にも影響します。体験の密度の濃さが違うからです。幅広く人脈を持っている人と親しくなると、10倍にも100倍にも世界が広がります。生まれ変わりが多い人です。

逆に生まれ変わりが少ない宇宙人と親しくなると、ぶっ飛んでいて、とんでもない宇宙人ネットワークを活用できます。100万倍になるかもです。

体験が増える度に、自分の軸が強く太くなってくるのです。それが、不動心として育っていきます。

どんな状況でも乗り越えられて、あまり動揺しない人は、不動心を持っています。丹田がしっかりとしています。

振り子現象は、ゼロ位置で止まるかのようですが、そこが新たなスタート地点になって、また次のテーマで振れ幅のある体験を続けていくのです。

もちろん、次にどんな体験をするのかは、自分で選んでいます。

私の中にもシスターや尼さんの体験もあれば、遊女や高級娼婦の体験もあります。聖女の面も小悪魔の面も持っているのです。

お坊さんや修道士もあれば、やくざの大親分やマフィアのボスの愛人だったこともあります。いろんな体験が、「永遠のいのち」である魂の中で、バランスをとって、パワフルなゼロ・パワーに向かっているのです。

たくさんの生まれ変わりの体験があるから、今クリニックで「愛と笑いの過去生療法」ができています。

自分の魂に縁のある方が、はるばる沖縄までいらして、今取り組んでいる内容に関係する過去生を謎解きしながら、愛と笑いで大解放しています。私と同じように振り子現象のような両極端の役割をしている方が多いのです。

この世に被害者が一人もいない理由

クリニックにも、振り子現象がとても多い、二十代の男性が来てくれました。

妻をイライラさせてしまうという新婚さんの悩みでしたが、関連する過去生は、イギリス時代に戦争孤児でスラム街にいた男の子のとき、孤児院に連れて行ったシスターが今生の妻で、孤児院を何度も逃げ出して、シスターを困らせたという関係性が出てきました。

もう一つ、同じイギリス時代で、彼が優秀な内科医で、息子の病気を治せなかったという罪悪感がたくさんあってハートをふさいでいました〜それで沖縄の花の香り「伊集ぬ花」が罪悪感を解放する名人なので嗅いでもらったら、白い煙のように出ていきました〜それですっきり!!　その息子さんが今の奥さんです。

彼がびっくり仰天して、「え〜〜僕、浪人しても医学部入れなくて、あきらめて慶応大学に行ったら、そこで妻に会えたのですよ〜」。

「日本に生まれ変わるのは、行列ができるほど、人気で難しいから、もったいなくて同じ体験はしません。今回は医師になれなくていいんです。でも医学部を目指している間に時間調整ができて、ちゃんとイギリス時代の最愛の息子さんに再会できてよかったですね〜イギリス時代の続きはこれでバッチリです。お二人の結婚はとても意味があります!　よかったですね!　おめでとう!」

他にも、エジプト時代に、権力者と奴隷のゲームを繰り返していました。

オリオン大戦の戦士もあったので、映画『スター・ウォーズ』と『マトリックス』をおすすめしました。二つとも、オリオン星座の文明(権力者と奴隷)の特徴が描かれています。

一見うまくいかない現象に見えても、あとから振り返ると、もっと幸せになるために必要だったとわかるのです。

彼の場合もまた医師になって、助けなくてはと受験勉強をして、浪人して医学部をあきらめたことで、ちゃんと同じ大学で、イギリス時代に最愛の息子だった今の奥さんと再会できるようにタイミング調整されていたのですから、本当にすべてうまくいっています。

「人生一切無駄なし」ですね！


もう一例、紹介します。今度は、女性のケースです。

私のクリニックに来院される患者さんは、圧倒的に女性が多いです。

三十代の女性で、長崎のピカドンのシーンが出てきて、赤ちゃんにおっぱいをあげるときでした。それを伝えると、彼女はびっくりして「子どもに母乳をあげることにとてもこだわっていました。謎が解けました」と納得していました。

江戸時代、鎖国をしていましたが、彼女は男性のオランダ商人で、品物だけでなく、若い女性の商いもして平戸《ひらど》に来ていました。

さらにフランシスコ・ザビエルと共に日本に来た宣教師で、「なぜゼウスさまは、キリスト教徒にならないと天国に行かせないのか、あまりにも愛が狭すぎる」という日本人の執拗な質問攻めに答えられなくて、とうとう宣教師をやめて村娘と結婚して村人になりました。

ザビエルが本国に「日本は宣教師の墓場です。庶民の教養が高すぎて、布教できません。

植民地化はあきらめてください！」と報告した意味が本当だったのだと納得しました。

宣教師の後ろには、植民地政策があったので、たくさんの若い娘が奴隷として世界中に売られていきました。

買い戻したのは、秀吉さんです。奴隷にされた日本人を何十万人も買い戻してくれた素晴らしい人ですが、その偉業は歴史から葬り去られています。

当時の宣教師の手記にも、多くの日本人が奴隷として安く売られて、ひどい扱いを受けていたと書かれています。4人の少年使節団も海外で、日本人の奴隷を見て、ショックを受けたと記述が残っています。

ザビエルの印象が悪くなるからでしょうか？　強者が歴史をつくっている〜〜。

彼女は、女性の隠れキリシタンの時代もありました。私も男性の隠れキリシタンの時代があるので、そのとき一緒だったかもしれません。

同じ魂が、同じ場所で、振り子現象を体験しています。

商人のときは、奴隷を売っていましたが、少しずれて、売られる娘も体験しています。これでチャラになります。**この世に被害者が一人もいないのは、お互いに反対の立場を体験しているからです。**

大好きな『アメージング・グレース』のメロディで「人生のしくみ」の替え歌を作って

講演会やセミナーで歌っていますが、その一番目の歌詞に、

「あなたに会えて嬉しい、生きる喜び悲しみ～さしつさされつ、様々な人生、
また、会えて嬉しい～」

の中で、「さしつさされつ、様々な人生」のところに、真逆の立場の体験をしていることを、何気に入れています。とても大切なところです。

そして、両方体験すると、今生で、熱燗《あつかん》を酌み交わすときにも、さしつさされつと表現します。

綱引きにたとえれば、いろんな役者が自分の中で陰陽のバランスをとりながら、善玉と悪玉に分かれて綱引きをしているような感じです。

真ん中のゼロポイントは、動きませんが、ものすごいパワーがかかっています。

運命のリセット、いろいろ〜

人生の転機は「再生」のプロセス

私たちは、家庭や仕事の人間関係を通して、親子関係、夫婦関係、職場の上司、同僚など、いろんな体験ができます。

自分の能力を生かして、人のために、社会のために仕事を通して活動ができます。いろんな自分を試しているのです。

家庭を愛で癒している主婦も立派な仕事です。偉大なる主婦です！

いろんな仕事をして、いろんな能力を試してみるために、大きな会社なら部署が替わり、小さな会社なら、再就職して、またチャレンジします。

自分から辞められないときには、リストラされて、大きく変わります。

大企業の中間管理職で、ストレスが大きく、逆にリストラされて、中小企業の現場に再就職されて、生き生きと元気が戻った方もいます。

その方は、過去生で、特攻隊員でした。再就職した会社にそのときの尊敬する上官がいて、感動の再会でした。クリニックで謎解きをしたときに、リストラされ再就職して、本当によかったとしみじみ感動されていました。元特攻隊の上官からいろんなことを学んで、とても仕事を楽しんでいます。


過去生で悲恋の場合、今生は、一目惚れで結婚する場合が多いです。

私も江戸時代に遊女のとき、若いお坊さんと恋に落ちて、心中したことがあったのですが、今回の人生では、そのときのお坊様に再会して、やはり、一目惚れで無事に結ばれて幸せな人生を体験しています。だからその人生では結ばれなくて悲恋でも、生まれ変わって結ばれるのです。何があっても、長〜い目で見ると、大丈夫なのです。

中島みゆきさんの『時代』という大好きな歌にも、別れた恋人が生まれ変わって再会すると表現されています。

本当に、人生は生まれ変わりながら、続きをやっています。

クリニックで不倫のケースを謎解きすると、過去生では夫婦でしたが、愛人ができて、妻に寂しい思いをさせたので、今生は昔の愛人が妻になり、妻が愛人になって、昔の寂しさを埋めています。気がすんでチャラになったら別れています。

立場が逆になって、お互いの気持ちを体験しているのです。それぞれを体験すると、もう不倫はしなくなります。

リセットのときには、破壊と再生のシバ神のパワーやゼロ・パワーが働くので、一度始まると、止まらなくなります。「破壊と再生」のシバ神が働くと、思いがけない展開で、さらなるハッピーエンドになります。

例えば、リストラされて落ち込んだのに、ハローワークで、本当にやりたかった仕事が見つかって、今まで取った資格が全部生かされて、びっくりの幸せな人生に改善された人もいます。

親の意向にそわないで、勘当されて、それでも自分のやりたいことを続けたら、世界的な成功を収めて、親とも和解した人もいます。

不倫が見つかって、家を出ることになり、相手とも別れて、大移動して、新しい場所で、一から出直して、ぴったりのパートナーに会って、幸せな再婚をした人もいました。

破壊力で今までのキャリアを失ったり、家庭が崩壊したりするけれど、その分再生力が働いて新しいチャンスをつかむことができるのです。

すごいスピードで、登場人物もいろんな人々がかかわってきて、まさにドラマチックな展開になります。

リストラも、引っ越しも、不倫も、すべてがリセットです。

リセット再生パワーを引き出す方法

リセット再生のときに、絶対おすすめのアロマ（香り）があります。

沖縄の花の「伊集ぬ花」の香りです。

不必要な罪悪感の解放にもバッチリなので、ぜひおすすめです。

人間関係のストレスやリセットには、「グレープフルーツ」のアロマがおすすめです。

自分自身の人間関係のストレス、特にイライラや怒りの感情の解放に、さわやかな香りでスッキリです。

特に職場での苦手な人に対して、ちょっと早めに出社して、その方の机の周りに振りかけておくと、さわやかな香りがその方を包んで、あなただけでなくみんなに優しくなるので、その方にとっても気持ちのよい展開になります。

厳しく怖い上司が、栄転されてお互いに幸せで、楽な距離感になったケースが何件もありました。グレープフルーツの香り、人間関係におすすめです。

職場での人間関係で、私たちはお互いに、多面的な自分を合わせ鏡に映し合って、自分磨きをしています。

リストラや転職などは、自分磨きの人間関係を探して場所移動していると思ってください。

大切なのは、リセットのときに、いちいち自分を責めないことです。

いろんな体験をしたくて、この世に生まれてきているのですから、それも一番人気の日本に行列してまで、選んで今日本にいることは、とてもラッキーなことなので、起きることすべてを受け入れて、「必要なことが起きている、思い切りこの状態を楽しもう」と気持ちを切り替えることです。

人生で、びっくりのハプニングが起きても、きっとさらに幸せになるための体験だと思って、淡々と受け入れてみましょう！

リセットのチャンスなのです。

必ず、素晴らしい流れが始まります。

リセットが始まると、必ず無限のゼロ・パワーが引き寄せられます！

日本人の魂のリセット

ゼロ戦に秘められた「永遠循環」の数霊

ゼロ・パワーの本を書いて欲しいという依頼があったときに、ぜひ紹介したいと思ったのが、大好きな小説『永遠の0《ゼロ》』でした。

小型なのに、素晴らしい機能を持った戦闘機に「ゼロ戦」とゼロが付いています。子どものころ、弟と一緒に、プラモデルでゼロ戦を作っていました。そのせいか、乗ったことがないのに、とても親近感があります。

冷却のために、1列7気筒が2列で14気筒という珍しい星型エンジンでした。栄21型発動機のシリンダーのフィンの美しさにうっとりと見惚れます。星型といっても、五角形ではなく七角形なのです。

七は、カタカムナ・相似象では「ナナヨツギ」と言って、宇宙には七の周期があります。

三と四で、永遠に動き続ける「永遠循環」になっているのです。

そういう意味では、「永遠の0」は、「永遠循環」を表わしていて、いつまでも飛べるしくみになっています。三と四は、君が代でもあります。これから私たちさざれ石が、手を取り合って巌《いわお》となるのです。わくわく！

大東亜戦争のときに、大活躍した無敵の戦闘機にゼロという名前がついたのは無限のゼロ・パワーが込められていたのでしょう！

『永遠の0』と『風立ちぬ』の魂の縁

ゼロ戦とは、正式には、零式艦上戦闘機といって、零戦とも略されていました。

ジブリのアニメ映画『風立ちぬ』に出てくるように、堀越二郎さんの設計で三菱重工業が製作しました。

深緑色の機体に、白い縁取りのある赤丸があって、日本を象徴していました。

『永遠の0《ゼロ》』は、2006年に出版された百田尚樹さんの大ベストセラー小説です。なんと放送作家から初めて書いた小説が、いきなりベストセラーになりました。ゼロ戦を描いたことで、無限の領域に触れたのかもしれません。

日本にとって、とても大切な本だと思います。２０１３年に映画化されました。岡田准一さんが宮部久蔵という主役を演じました。モデルになった実在の人は、石野節雄さんという方で、岡山出身の19歳で、戦艦ミズーリに激突したのだそうです。積んでいた爆弾は不発に終わりましたが、彼の上半身が激突して、そこにわずかなへこみができました。

アメリカ兵たちは、足蹴にしましたが、ミズーリ戦艦長は、「何をする、彼は母国のために命を捧げたヒーローなのだ、丁重に扱いなさい」とたしなめて、兵士たちが彼の上半身を丁寧に徹夜で作った旭日旗でくるんで、きちんと海軍葬をしてくれました。

ちょうどフェイスブックでアップされた赤塚高仁さんのブログで知りました。

鹿児島の海軍の基地、鹿屋《かのや》にある史料館に、遺影があるそうです。

ゼロ戦の操縦が天才的でありながら、生還することにこだわり、仲間内から臆病者と言われていましたが、最後にゼロ戦のエンジン故障に気づいて、後輩と機を交代することで、死を選びます。後輩に家族を託して最大の力を振り絞って戦艦ミズーリに体当たりをしました。そこには、永遠のいのちを思わせる深い愛を感じることができます。後輩にいのちを託して、最愛なる家族をも託し、愛のリレーが成就します。『永遠の０』というタイトルが、「愛の永遠循環」という深い意味を持って、ぴったりの題名だとしみじみ思いました。

私のクリニックにも、過去生が特攻隊員だった魂たちが続々と訪れています。

印象的だったケースは、一人で本土から来た二十代の可愛い痩せた乙女でした。

いろんな過去生の解放をした中に、特攻隊員だったのもありました。

「ぜひ、映画『永遠の0』を見てください」と勧めたら、「映画は見ていないけれど、小説は読んで読書感想文をコンテストに出したら、金賞をもらいました」と話してくれました。ちゃんと、自分の過去生の情報が満載の小説を読んでいたことにびっくりしました。

特攻隊員だった本人なので、きっと素晴らしい感想文が書けたと思います。


ゼロ戦にまつわるもう一つの映画は、アニメの『風立ちぬ』です。

宮崎駿監督の作品で、ゼロ戦を設計した堀越二郎の半生を描いています。

『風立ちぬ』というタイトルは、同時代の堀辰雄の同名の小説から来ています。

二人の人生をチャンプルにして、イタリアの先輩カプローニが時空を超えて登場して、さらに面白くなっています。アニメならではの醍醐味です。

美しい日本の風景と破壊的な戦争の場面が陰陽統合されています。

二つの映画が、同じ2013年に封切られたのも、偶然ではないと思います。

まさに、ゼロ・パワーが働いています。

困難な時代を乗り越える、日本のゼロ・パワー

私たち日本人が、もう一度、ゼロ戦とゼロ戦にまつわる人々の真摯な愛国心を受け取って、次へバトンタッチをするときを迎えています。

大東亜戦争の目的は、100年以上続いたアジアでの植民地を解放して、アジアが西欧列強から独立することでした。

その目標はほぼ達成されましたが、肝心の日本がアメリカの植民地のような立場を強いられて来たことが、まだ課題として残されています。

まるで、昔のムー大陸がアトランティス大陸の植民地になったときの縮小版のようです。財政的にはもう破綻しているアメリカ合衆国をずっと日本が支えてきました。でもすべてに意味があります。これからがすべての謎解きのクライマックスが始まります。日本人の素晴らしさと底ヂカラが発揮されます。

筑波大学村上和雄名誉教授の発見で、日本人男性の42％に、特に北海道のアイヌと沖縄では、男性の88％に、**「親切遺伝子」とも呼ばれるYAP遺伝子があることがわかっています。どんな困難にもめげず、自分を捨てて、他人に尽くす縄文人のような遺伝子**だそう

です。

そのおかげで、放射能にも、ウイルスにも強く、農薬にも強く、食品添加物にも強く乗り越えられる素晴らしさを持って、ここまで生き延びてきました。

YAP遺伝子は、いろんな刺激やストレスで、活性化しています。

一見、マイナスに見える現象も、大きな流れで言えば、YAP遺伝子が活性化する大切な現象かもしれません。陰陽両面の働きがあります。

ブラボーです！

日本人の魂たちは、経験豊富で、寛容さを備えていて、どんなことでも許す愛があるので、2回も原爆を落とされても、アメリカを許しています。むしろ、経済的にずっと支えてきています。まさに無条件の愛を実践して見せているびっくりの国です。ゼロ・パワーが全開の国かもしれません。

そもそも日本の国旗が白地に赤く日の丸です。

真っ赤なゼロです。赤は、行動、情熱、変革のパワーです。

こんなにシンプルで、力強い国旗は、日の丸しかありません！

日の丸が、ゼロ・パワーのシンボルです。

新しい元号、令和も0の輪＝日の丸です。

日の丸は、太陽系のリーダーの太陽のマークでもあります。

だからこそ、日本が地球の平和を実現するためのリーダーになれるのです。

大好きなパラレルワールドのアニメ映画『君の名は。』の主題歌をつくって歌ったRADWIMPSも『HINOMARU』という素晴らしい日の丸の歌をつくってくれました。太鼓のリズムが力強くて、大好きです。

この頃は、カラオケに行くと、『君が代』『HINOMARU』そして『ダイナミック琉球』という順番で歌うようにしています。すると、どんどんテンションが上がって、一気に盛り上がります。

『HINOMARU』の歌詞が素晴らしいです。

どんな逆風が来ても決意は揺らがないというこれからの日本の応援歌にもなっています。

欧米諸国は、小さな日本が自分たちの大切な植民地のアジア全土を解放するほどのパワーを持っているとは思ってもみませんでした。

追いつめられると、国のために戦艦と体当たりする特攻隊のゼロ戦が登場するとは、びっくり仰天だったと思います。特攻隊の働きは目覚ましく、大きな戦果をもたらしました。

だからこそ「神風」という名前まで付きました。

とても日本が恐かったので、戦後GHQは、日本人の誇りを無くす教育をしてきました。

神話も教育勅語も日本の歴史も特に現代史は学ばないようにされてしまいました。再びゼロ戦をつくらないように、飛行機をつくる会社は車をつくるように変えられました。

最強のゼロ戦をつくった日本のゼロ・パワーがそれで封じこめられたように見えました。

でも、特攻隊の魂たちが、また日本人として、どんどん生まれ変わっています。

日本を中心に、地球の平和を実現するために、素晴らしい魂たちが集結しているのです。世界のいろんな国に生まれ変わって、日本のアニメを通じて、日本大好きになり、日本語を覚えて、日本にも懐かしくて、旅行に来ています。

『ＨＩＮＯＭＡＲＵ』を生み出した、野田洋次郎さんの魂は、まさに日本のために命を捧げてくれた御霊の一人です。

日本のためにいのちを捧げてくれた英霊たちが、日本を、地球を助けるために、日本に、そして世界中に生まれ変わって活躍を始めています。

沖縄の小さなクリニックで、愛と笑いの過去生療法をしながら、それをひしひしと感じて、秘かに大感動している私です。本を書き続けていることで、大切なことを伝えることができて、感無量です。

日の丸に込められた、日本のゼロ・パワーが、これからどんどん大きく発信されて、地球を愛とパワーで包んでいきます。

どんな困難なハードルがやってきても、私たちの揺るがない決心は、ゼロ・パワーで、地球のユートピアという目標を必ず達成します。

日の丸に象徴されるゼロ・パワーが令和の息吹と共に、動き出したのです。

太陽の恩恵を受けている地球は、大変革のときにはいっそうのパワーを太陽からもらって素適に変容します。

太陽の光を意識して浴びましょう！

私たち自身も本当の自分を最大限に表現してこれからの新しい地球にぴったりの役目を楽しく果たしていきます。エクスタシーチェンジです！

ゼロ・パワーを活性化する方法1

天然アマアマヒーリング

言霊パワーで、すべてを受け入れる

この本を書きながら、新しいヒーリング方法が湧き出てきました。

天然アマアマヒーリングです。名前の意味は、「天然アマ」にさらに「甘（アマ）い考え」をドッキングしてみました。さらに「甘（アマ）いものが好き」を入れると三つアマが続いて面白いかもしれません。

今の状態をすべて受け入れて、究極の全肯定をしていく方法です。

実際にやってみた実例から紹介していきましょう！

重い病気をずっと乗り越えてきた六十代の女性です。

胃が燃えるように痛くて、薬を受け付けないのです。お白湯《さゆ》と牛乳を飲んで何とかしのいできました。「早く死にたい」を言い続けています。

心配したお姉さんが救いの手を差し伸べました。彼女の代わりにヒーリングを受けてみました。妹さんの過去生のイメージが出てきました。第一次世界大戦のときに母親と生き別れたあと戦争孤児になった息子でした。母親が今の姉で、戦争孤児になった息子が妹でした。

そのときのひもじい思いが潜在意識に残っていて、今生ではついがつがつと食べてしまうのでした。今は胃が悲鳴を上げています。ヒーリングで、妹さんの過去生の戦争孤児が光に帰ってくれました。

その遠隔ヒーリングの後、妹さんの「早く死にたい」という気持ちが、すっかりなくなったそうです。ほっとしました。

そして、いよいよ本人に、天然アマアマヒーリングをやってみました。

「薬をずっと飲めなくて、素晴らしい！　肝臓が休めて、とても喜んでいます。ちゃんと、自然に自分に一番いい方法をとっていますね！　よかったです」

と彼女の状態を、かえって本人によかったと伝えました。

「こんな状態でも大丈夫なのですか？」

「はい、見事に自分を守って、最善の状態をつくってきたのです。おめでとう！　では、ヴォイスヒーリングをしましょう！」とヒーリングを勧めたら、

「私、ヒーリングをすると頭が痛くなるので、苦手なんです」と拒絶されて、びっくりでした。でも臨機応変に対応しました。

「そうですか！　ではヒーリングはやめましょう！　大丈夫です。お話だけにしましょう！」とヒーリングは嫌という気持ちを受け入れて話を続けました。

「ずっと病気ばかりです。もう疲れました」とつぶやく彼女に、

「自分の思いで人生を創っているので、もう病気のデパートは卒業しましょう！　3回言ってみましょう！　病気のデパート卒業！」

「病気のデパート卒業！」つられてしっかり一緒に唱えてくれました。

「病気のデパート卒業！」3回言えたので、しっかりと新しい思い込みになりました。バッチリです。

「この苦しみもやめたいのです！」と言ってくれたので、もう一つ、ワークです。

「もう苦しみは卒業！　も言ってみましょう！　楽になります。自分の思いで人生を創っていますから、変えてみましょう！」

「もう苦しみは卒業！」とこれも3回唱えました。すごい達成感です。

言霊は、自分の人生のパターンを変えるのには、素晴らしい力を持っています。

本人がヒーリングに不安と恐怖を感じているので、無理強いしないで、言霊ワークのほ

うに切り替えました。そちらは自然にできたので、バッチリです。

2か月後、すっかり元気になったという嬉しい知らせがありました。

天然アマアマヒーリングの特徴は、臨機応変です。

79歳になる女性で、大きな病気が検査で三つも診断されそうになって、来院したケースにも天然アマアマヒーリングをしてみました。

「病気の三点セット、卒業〜！」

を3回大きな声で唱える言霊ワークをしたら、どんどん内なる宇宙からゴールドの光があふれてきました。

そのときヒーリングしたら、魂さんからのメッセージが七福神のイメージだったので、めでたくて、まぶしくて、嬉しいびっくりでした。それを本人に伝えたら、大喜び！

ベッドのそばに、七福神のような絵を飾っているそうです。え（絵）〜とまたびっくり！

七福神が守ってくれているから大丈夫と伝えました！

彼女の目が輝き、咳《せき》も全く出ず、マスクをしてきたのに、ポケットにしまって、「来てよかった！」とルンルンで帰りました。

まさに行き当たりバッチリでした。

笑いヨガで、すべてを受け入れる

自然に天然アマアマヒーリングをやっていた、3年前のケースを思い出しました。

重いうつ病の女性で、他の精神病院に入院中だったのですが、ご主人が私の本を読んで感動して、予約しました。主治医にお願いして外出許可をもらって来院されました。

見るからにとても暗くて、重い波動の方でした。それなのに、おでこの電光掲示板には、彼女の魂さんからのメッセージが浮き出ていて、「笑いヨガをお願いします！」とあって、びっくり仰天しました。

この重～いうつ状態で、本当に笑えるのでしょうか？

「笑うとうつがよくなるのです。笑ってみましょうか？　インド発祥の笑いヨガというのがありますよ～」と話しかけてみましたが、彼女の表面意識からは、案の定、

「とても笑える気分ではありません」

ときっぱり断られてしまいました。

「そうですよね～とても笑えませんよね～ではそういう人のための笑いヨガで、カルカッタラフターという特別なエクササイズがあるのです。こんな感じです。小さな声でささや

くようにホホハハ、ホホハハと膝の上と相手に軽く言うだけです」
と彼女の表面意識は拒絶しても、彼女の魂さんからはしっかりリクエストがあったので、ダメ元で、ささやくように小さく、だんだんとエスカレートして最後に大爆発の大爆笑へと導きました！

なんと両手を大きく広げて万歳するように、大声でにこやかにワハハハハハ〜ができました。まさに奇跡でした。一緒にやっていた優しいご主人が泣き笑いをしていました。

「久しぶりに妻の笑い声を聞くことができました。ありがとうございます！　来てよかったです〜」と大喜びでした。

重いうつ病だったのに、うっかり大笑いをしてしまったのですが、ゆるんだまま、にこやかに帰りました。

あとからスタッフがびっくりして、

「啓子先生、今の方のビフォーアフター、素晴らしかったですね。本当に暗く沈んでいたのに、よく笑いヨガができましたね〜」

と一緒にインドに行って、笑いヨガティーチャーになった彼女も嬉しそうでした。

私は魂の通訳をやらせていただいているので、魂さんからのリクエストには忠実に従います。でも**相手の気持ちはそのまま受け止めたので、ハートが開いて、次の笑いヨガワー**

クを受け入れてくれました。

お二人は、過去生で、男女逆の夫婦でした。それを伝えたら、やっぱりとお二人とも納得して笑っていました。最後に海を見ながら、万歳テラスで元気よく万歳三唱をしますが、お二人ともやってくれました。そのあとの言霊ワーク、「すべてはうまくいっている〜！」を唱えながら、カニのように横歩きをする「カニ踊り」も楽しくできました。

最強の言霊は、「すべてはうまくいっている！」です。

これは、究極の全肯定の天然アマ言霊です。

これを唱えれば、唱えるほど、自分の世界、宇宙が大きな美しい球になります。宇宙は球なのです！

宇宙は球〜宇宙は球〜体験するほど丸くなる〜
宇宙は球〜宇宙は球〜突き抜けたら、天然アマ〜

すべてを受け入れると、とても楽になります。
このすべてには、出来事も物も人も入ります。
万物すべてです。

意識がないように見えるものも、実は、気持ちが通じます。

もし病気になって薬をどうしても飲まなくてはいけないときに、「副作用出るし、本当は飲みたくないけど」と思いながら飲むのと、「ありがとう」と感謝して飲むのでは、薬の立場になると、感謝してくれる人を応援したくなります。

薬の意識が、副作用を出さないように気を使ってくれます。

これから薬を飲むときに、**「ありがとう！　チュ～」と愛と感謝を送って飲んでみてください。**ぐんぐんよくなって、「そういえば、副作用もないわ～」とありがたい応援をもらえます。

母がガンになったときに、抗ガン剤の副作用で苦しんでいました。

そのときも、抗ガン剤を悪者に思わないで、点滴の透明な袋に赤いハートシールをたくさん貼って、投げキッスをしたら、髪の毛も抜けなくなり、吐き気もなくなって食事ができるようになりました。

自分のまわりの世界、万物宇宙すべてに、愛と感謝を送って、みんな仲間になりましょう！　不安が一切なくなります。

すべてにありがとう！　チュ～チュ～チュ～

ゼロ・パワーを活性化する方法2

ゼロトレーニング

体をゼロポジションに戻す

ゼロトレとは、ゼロトレーニングの略です。

ゼロ・パワーの本執筆の依頼が来る前に、羽田空港の本屋で目に飛び込んできた本が『ゼロトレ』（サンマーク出版）です。このときから、この本で紹介される運命だったのかもしれません。

ミュージカル女優で、ニューヨークに渡った石村友見さんが生み出した画期的なダイエット法です。

羽の写真の表紙を開けたら、飛び込んできた言葉が、

「羽の生えたような　軽い体にうまれ変わる　そのためのキーワードが『ゼロ』」

おお、素晴らしい！

すでに、羽がはえて、自分が天使に戻って空を自由に飛んでいるイメージが出てきました。どんどん吸い込まれるように読み進めました。

私たちは、年齢を重ねると、関節や筋肉のちぢみによって、基礎代謝が落ちて、体型がくずれてしまっているのです。このちぢみをゆるめることで、ポッコリお腹がへこみ、くびれが出てきて、体の中にすき間をつくることで、アンチエイジングにもなるそうです。

これは、ダイエットというよりも、心と体をリセットして、ゼロポジションにして整えて美しく軽やかになり、ゼロ・パワーにつながる、素晴らしい手引き書です。テレビの「金スマ」でも紹介されて、一気に100万部を突破したそうです。さすが羽のように飛びましたね！

簡単に紹介すると、毎日行うゼロトレのプログラムは、

①ゼロトレ呼吸　②ゆるめる　③ひきしめる　の三拍子が基本です。

タイミングよくこの本が自ら飛び出してくれて、ちょうど私は運動不足による腰椎《ようつい》の椎間板ヘルニアと整形外科で言われて、リハビリを始めていたので、ぴったりの本でした。

リハビリを2か月間真面目に通ってみましたが、50〜60人くらいのお年寄りのパワーに圧倒され、かえってどどっと疲れ果てて、ついに「もう嫌！」という感情が出てきました。

友人の紹介で、不思議な整体師さんにも出会って、深いブロックの解放が続いています。

リハビリを自主卒業したころに、タイミングよくゼロトレを始めました。
無理のない内容で、ゆる〜く続けることができました。
しかも本のタイトルに、ゼロが付いています。ゼロ・パワーによるゼロトレーニングです。
体の各ポジションを本来あった位置「ゼロポジション」に戻しながら、同時に「体幹」を鍛えることができるそうです。「体形を改善しながら、脂肪を燃やして体重も減る」、お〜素晴らしい！

しかも、彼女のお父様の実例が私の場合とそっくりだったので、なおさら引き寄せられました。

お父様の場合は、運動不足や長時間のデスクワーク、姿勢の悪化などで、お腹の力がゆるんで、腰が本来あるべき位置から前にせり出して、内臓や脂肪が前に押し出されていたのです。

ゼロの位置に戻すべき部位は、①首、②肩、③背中、④腰、⑤足指の5つの中で、一番大切なのは、腰のゼロポジションだそうです。

私は、特に背中がバンバン、腰が痛くて曲がらない状態でした。

さっそく、ヨガマットの上に、厚い本3冊と単行本3冊を用意して、バスタオルを3枚くるくると巻いて、載せてみます。その上に寝そべって、膝を立てて、呼吸をします。鼻から3で吸って、口から「ア〜〜〜」とゆるみながら7で吐き出します。呼吸法から入るのが、素敵です。ゼロトレ呼吸です。

腕、胸、股関節、腰、足指とゆるめていきます。

ゼロトレの解説を書いているだけでもゆるんできます。

詳しくは本をぜひ見てください。

心をゼロポジションに戻す

チャプター5の「私をゼロに戻していく」で、「心をゼロポジションに戻す」ところまで書かれていて、感動しました。

心のゼロポジションとは、不安、不満、緊張のないリセットされた静かな状態、羽が生えたように軽い心のことだそうです。

確かに、ほかの誰かになろうとすると、自己否定するので、インナーチャイルドが嘆いて、怒り、苦しみ、自分から遠ざかっていきます。

自分を認めて、自分のよさを見つけようとすると、どんどん自分らしく、心のゼロポジションにリセットされるのです。

今まで自分がやってきた活動が、まさに「心のゼロポジションにリセットする」ためだったと嬉しくなりました。

潜在意識の感情を大解放する「インナーチャイルドの癒しワーク」や今もクリニックで楽しく続けている「愛と笑いの過去生療法」も心のゼロポジションに戻すための方法でした。

ゼロトレを通して、自分を振り返ることができて、とても嬉しいです。

心にずんと響いてきた石村友見さんの最後の言葉が「**今に集中するとゼロに戻る**」でした。友見さんの第二弾の本『動かないゼロトレ』も面白いです。30秒じっとしているだけでコリや痛みがほどけだす気持ちいい健康法です。あまり動きたくない人には、ぴったりですね！　表紙も大好きなヒスイカズラ色、アトランティスカラーです。

一緒に自分らしく、楽になりましょう！

ゼロ・パワーを活性化する方法3

ゆるゆるスロージョギング

走りながらの瞑想

ゼロトレを始めたころに、第1章で紹介した、愛茶氣道のパーカー智美さんの勧めで、初めてスロージョギングをやってみました。

歩く速度と変わらない小刻みなジョギングなので、心地よい振動が全身に伝わってきて、これもゆるゆるにゆるまってきます。まるで瞑想しているかのような心地よさが残ります。

心地よい微振動は、カタカムナ的でもあります。目に見えない潜象界の根源と現象界の根源が対向することで宇宙のあらゆる響き、振動が生命や物質を生み出しているのです。まるで陰陽マーク☯のようです。これは「宇宙の真理」を体現しているのかもしれません。

心地よい振動を体全体に伝えて、本来の姿勢、本来の位置に戻るお手伝いをしているのです。

腕を後ろに引く意識をすると、ますます楽にできます。

これを教えてくれたパーカーさんも、はまって毎日1時間、近くの公園までスロージョギングをして、中今ごきげんです。そのあと、社交ダンスに飛んでいきます。

静と動の動きを両方上手に楽しんでいます。

パーカーさんにスロージョギングの感想を聞いてみました。

「スロージョギングを始めて、100回目になります。スカートもゆるゆるで拳一つ入りました。森に溶け、光に溶け、保育園児の天使がいて、空から龍の応援があり、最高の至福の時間になります」

と**自然の中に溶け込んでしまう瞑想の状態になる**そうです。

もう一人、パーカーさんの勧めで始めた女性にも聞いてみました。

「スロージョギングは楽しいです。1時間があっという間です。程よく汗をかくのがとても気持ちよく、公園の綺麗な景色、季節の変わっていく様子、空の光が感じられて、走っていて、わくわく、きらきらしています。体も心も美しい空、木、氣と一体となる感じです」

やはり、自然界と一体化する感じが伝わってきました。

ハードでなく、楽にできるのがありがたいです。

スロージョギングの意外な効用

スロージョギングの発祥は、1960年代にアメリカで、LSD（Long Slow Distance）とも呼ばれています。ゆっくりと長い距離を継続して運動しましょう！　という意味です。日本では、スロージョギング協会の理事長の運動生理学者、田中宏暁さんが推奨しています。田中宏暁著『スロージョギングで人生が変わる』（廣済堂出版）から少し紹介してみましょう。

膝が痛くて杖《つえ》をついていた六十代前半の女性がスロージョギングを始めたら、やみつきになって、杖なしで歩けるようになり、体重も8キロやせて、元気になりました。とうとう1年半後にホノルルマラソンを完走してしまったそうです。びっくり！　すごすぎです。

スロージョギングの最大の魅力は、疲れないので続けられるそうです。筋肉疲労時に出る乳酸が出ない程度のスローペースで走るからです。隣の人とゆっくりおしゃべりしながら走るのだそうです。

コツは、背筋を伸ばして、いい姿勢で、歩幅を10～40㎝に狭くすることです。猫背のまま走らないことです。あごを引くと猫背になるので、あごは出します。足指から着地するフォアフット着地です。かかとで着地しないので、膝や腰への負担がなくて安全です。時間は、最初は20分、慣れてきたら30分から1時間、週に1～2回、慣れたら3～4回、毎日したくなったら、最高です。

人間はもともと走るような身体の構造になっているそうです。それで、みんなフルマラソンに挑戦する人がどんどん増えているのです。

歩くよりも、スロージョギングのほうが、走るときに使う筋肉が鍛えられて、転倒防止になります。歩いても健康増進にはならなくて、スロージョギングだと健康増進になり、何より楽しくて続くところが魅力です。

スロージョギングは、脂肪燃焼にぴったりです。ゆっくりでも有酸素運動になっているのです。体力がついて、体が軽く感じて、自由に動けるようになります。電車で立っているのも苦でなくなり、長時間歩くのも平気になるそうです。

内臓脂肪が燃えるのでメタボ予防になります。血糖値や血圧が下がります。ダイエットにもバッチリです。免疫力もアップします。

嬉しいのは、ゆるゆるスロージョギングは、腰痛にもいいそうです。確かに、天の舞で移動するたびに、スロージョギングしていると、腰が軽くなります。

さらに、血液循環がよくなるので、疲労回復にもいいのです。脳の活性化にもよく、集中力や記憶力アップにもいいので、仕事や勉強にも役立ちますね！

まだまだあります。セロトニンも分泌するので、抗うつ作用、つまり明るく精神も安定してくるのです。一定のリズムで体を揺らすことで、瞑想状態にもなります。

ゆるゆるの運動ですが、結構汗が出るので、水分補給とクールダウンには気をつけましょう！ 自分に適した速さでゆっくり走りましょう！

くれぐれも、歩幅は狭く、小刻みに走ります。

今まで、歩くことが健康増進だと思い込んでいましたが、なんとスロージョギングのほうが、ずっと健康増進だったのです。目から鱗でした。

海辺のスロージョギングが最高です。私もさっそく試してみました。天の舞の近くの海辺に行って、時々スロージョギングをしてみました。海に足をつけると、疲れがすーっと抜けて、最高の気分になりました。

波の音を聞きながら、ヴォイスヒーリングと「アマテラス」のマントラを唱え、愛の祈りもしました。帰りもルンルンで、スロージョギングして帰って来ました。

あなたも今すぐにできるスロージョギングをやってみませんか？

体全体に振動を与えながら、健康になりましょう！

ゼロ・パワーを活性化する方法4

ゆるゆるオープンにラブ解禁〜

性というエネルギー

クリニックでは、朝からセックスの話をすることがあります。婚活、セックスレスの悩みや不倫の悩みなどがあるときは、避けられないからです。

日本では、あまり、セックスのことを話したがらない秘め事のようにとらえていますが、実は、とても大切なことなのです。

自著『あなたの人生が突然輝きだす魂のしくみ』（青春出版社）でも、「セックスは人生のなかで大切なエネルギーです」と詳しく書いています。ぜひ読んでみてください。セックスをもっと神聖で大らかに受け止められると、ホルモンバランスもよくなって、お肌もすべすべになります。

男女関係でも、「つきあっている」＝「セックスしている」という意味です。

結婚とは、ずっとセックスをする相手をお互いに決めて、家族になることです。

生まれ変わりが多い人は、体験が多いだけに、セックスも上手です。

私も、過去生で、遊女だったり、娼婦だったり、インドで『カーマスートラ』という性愛論書を解説したり、チベット僧や尼のときに合体瞑想したり、男性の時代にたくさんの女性とつきあったり、アラブの商人のときにハーレムを持っていたり、それなりの研鑽《けんさん》を積んできました。

私たちは、左半身が女性性のエネルギー、右半身が男性性のエネルギーを持っています。そして、腰にブロックがあるときは、左側なら過去生が女性の時代の男女のトラウマ、右側なら過去生が男性の時代の男女のトラウマが解放されたがっています。

腰に、男女関係のブロックがたまるのです。

腰痛が出てきたら、ふと思い出してください。

実は、私も、ちょうど腰痛が出てきたので、思い出して、書いています。最初は、右側でしたが、今は左側です。

腰痛がどちら側かで、男女どちらの時代の男女関係の解放かがわかります。

腰痛を癒すことで、過去生の男女関係のトラウマが解放されて、より改善されていきます。男女関係のコミュニケーションも、セックスももっと楽しめるようになります。

セックスの方法は、地球独自のもので、宇宙人は、エネルギー交換として、それぞれの星のやり方で感じ合っています。手（＝愛）の平を合わせるだけで、エネルギー交換する星もあります。

他の星は、もっと結婚の形態が自由で、一夫多妻あり、一妻多夫あり、さらに多妻多夫もあります。他の星に行くと、男女関係で悩むことがありません。

スロージョギングの流れで、スローセックスもあることを知って、調べてみたら、アダム徳永さんという日本男性が、1000人の女性と体験して生み出した画期的なセックス革命を、著書『スローセックス実践入門』（講談社）の中で解説されています。

ホームページを読むと、アダムさんがどういう経緯で、スローセックスを生み出したのかが書かれていました。

画家を目指してアメリカに行ったとき、33歳で不思議な夢を見て、イエス・キリストが現われました。

イエスさまに、「人類の不幸の原因が原罪意識にしばられて、神聖で崇高なはずの性に対して罪悪感を持つようになったこと」を訴えました。

イエスさまは、「神を知ったものがやらずして、誰がやるのか！」と、答えてくださったので、宇宙根源の神を信じていたアダムさんは、性の研究をして、今までの短いセックスではなく、長時間触れ合って、感じ合って、楽しむスローセックスを生み出しました。早くイクことを忘れて、時間を忘れ、精神を解放して、官能の世界に没頭して、高レベルな快感を長い時間味わうそうです。

お互いに長く気持ちよく感じ合うという新しいセックスのあり方に、意識を向けてみましょう。愛撫《あいぶ》が本当のセックスのメインだそうです。

そして、最も大切なことは、**お互いにプラスとマイナスの性エネルギー（氣）を交換し、体に循環させることがセックスの醍醐味です。**

まさに合気道＝愛氣道なのです。

大好きな相手を思うだけで、ドキドキ、ビリビリする電気が、性エネルギーの氣です。「氣が合う」「肌が合う」という表現をします。

もう一つ大切なのは、女性が気持ちよく感じるのは、皮膚ではなく脳だそうです。オ〜ノー！　そう、脳なんです。性感脳です。

女性の体に無数に存在する性感帯に微細な振動を与え続けることで、性感応ルートが開かれます。それには、愛撫に30分以上のたっぷりの時間をかけることです。

性感脳が開いてくると、高レベルの快感が続いて、「天国モード」になります。

性エネルギーの循環が可能になると、長時間お互いが「天国モード」になって二人とも叫んでしまうそうです。すべてを忘れて、エクスタシーに身も心も任せられたら、宇宙を通り越して、天然アマに突き抜けることができますね！

アダムさんの表現で大好きなのは、「セックスは神様が人間にくださった最高のプレゼント」「セックスは、心と体が融合する最高の芸術表現でありダンスです」「女性の体は男性に愛されるためにできている」「男性がスローセックスに目覚めると自信がついて、顔つきも精悍《せいかん》になり、男性の魅力あふれて、確実に彼女ができる」そうです。

愛撫は、指が繊細で気持ちいいです。愛情表現は口です。キスはとても大切です。深い感性でキスを楽しみましょう！

キスが大切なのは、私も同感です。一人でも唇の愛撫をしましょう！

まず唇を舌で濡らして、ペコちゃんのように、左右上下、唇を舌で丁寧に愛撫します。まず自分へのキスの練習です。次は、イメージでキスしたい人とキスしてみましょう！

これだけでも第2チャクラが活性化されて、創造性が開き、私の場合は、本を書いたり、絵を描いたりするのに、クリエイティブエネルギーを引き出せます。

本当に、あの手この手です。すべてのすべてに投げキッスです！

クリニックでも、婚活中の患者さんに、「キスができるとイメージできたら、結婚は大丈夫よ～」と伝えています。キスで、イクことも可能なくらい、キスは大事です。大体、唇と性器はつながっています。食事に誘って、おしゃべりをしながら、食事をしながら、相手の唇を観察してみましょう！　キスしたくなったらおつき合いできます。たくさんキスできたら、ラブラブもバッチリです。

実は、「天国モード」は、瞑想三昧してもなれます。私も、尊敬する明想の達人、上江《うえ》洲《ず》義秀先生と台湾で40分間の明想したときに、「天国モード」を体感しました。水と緑が美しい桃源郷のような世界に意識が飛びました。まさに至福体験でした。

究極は宇宙につながること

チベット仏教の修行に僧と尼による合体瞑想もあります。究極のエクスタシーは、宇宙につながるのです。

大好きな老子の書が、実は、聖なる性の秘儀が二重に隠されているという千賀一生《ちがかずき》著『タオ・コード』（徳間書店）が素晴らしくて、本当に感動しました。

中国雲南省の奥地で、中国古代哲学を専攻していた著者が出会った、仙人のような老人から学んだ老子の「タオ＝道」は性を意味していて、老人の村では、老子のタオ・コードを実践していて、素晴らしかったそうです。

ジャングルの中で、男女がお互いに長い間抱き合ったまま宇宙とつながっていたのです。それは、美しいオブジェのようでした。

人間にとって、一番大切な体の部分は頭頂部から真下へと貫かれた中心軸で、「タオの幹」と呼ばれ、性中枢とも言われ、「ラ」と呼んでいました。

ジャングルの中で、仰向けになった全裸の男性の上に、全裸の女性が天に祈りを捧げながら座していて、恍惚《こうこつ》の表情で、何時間も動かなかったそうです。後光がさしていて、圧倒的な美しさと尊厳な雰囲気に包まれていました。

子どもたちも自然の中の美しい聖なるタオを見ることで、人が神へと向かう姿を学び、そこから自分たちが生まれてきた誇りを自然に感じるのです。

その村の神々の森の中で、石柱を中心にして、男女交互の輪になって、単純な16ビートの音楽に合わせて、手を上げたり、下げたりして手をつないで輪を作って回る踊りが解放感と至福感に包まれたそうです。そして、一旦静止して、心地よい一体感を味わうことができました。**再び踊りだして、統合へのエネルギーの交換が続いて、自他が溶けあう不思議な感覚になったそうです。**

いつのまにか、人生の問題や感情がすっかり溶けていました。

「私はあなた、あなたは私」の境地です。

その村では、結婚が早く、14～15歳までには結婚するそうです。結婚の形態も様々で、通い婚も、一夫多妻も、一妻多夫もあり、とても自由です。自由な一体性で所有欲がないのです。まさに天然アマに突き抜けています。他の星ともつながります。

キリスト教が入ってきた明治維新前の自由な日本に似ています。

もしかしたら、十代のときの初恋の人と結婚していれば、無条件の恋として、純粋にうまくいったかもしれません。同窓会で初恋の人と再燃不倫のコースがなくなるかもしれません。

昔の日本のように、村の祭りで踊りながら、感覚的に相手を選ぶのが自然なのかもしれません。

沖縄でも結婚が16歳のうんと若い年代か、三十代の遅めの結婚と年齢層が分かれています。三十代の方は、いろんな魂の宿題をすませてから結婚しているのかもしれません。

そろそろ、ゆるゆるオープンな性を再び日本に広めたいと思っています。

自然の中で、溶けあいましょう！　万物すべてとつながって、みんなが一つの意識になって、統合していきます。

ゆるゆるオープンラブ解禁です～。

内なる宇宙の根源につながってゼロ・パワー全開！

～カムナガラの道、今開かれん～

さて、いよいよ、この本も最後になってきました。

最後は、内なる宇宙から天然に貫いて、ゼロ・パワー全開で終わりたいと思います。

この見出しのフレーズは、１９９５年1月17日、阪神大震災の直後に、天から降ってきたマントラ「アマテラス」の最後に出てくるものです。

アマウツシで受け取ったので、私の表面意識は理解していませんでした。

直観で、「このマントラを唱えれば、誰でも、どこでも、光の柱が立つ」と教えてもらいました。まさに神の世界から降りてきた感じがしました。

それ以来、ずっと、この「アマテラス」のマントラを大切に唱え続けています。祈りが必要な場所で、神さまにリクエストされた神社で、３・11の被災地でも、瓦礫《がれき》の中で、真剣に唱えて、本当に巨大な光の柱が立ち、たくさんの御霊が光へ帰っていくのを見ました。

あちこちで、リクエストされて、泣きながら唱えました。このマントラが、本当に光の柱が立つことを実感しています。

日本だけでなく世界中でも唱え、祈り続けてきました。

阪神大震災のあと、大きな揺さぶりで、定年後に開設する予定だったクリニックを、前倒しで1か月後の2月22日に開設したことで、今の流れがあります。

私のクリニックは、大きな地震でリセットされて、「アマテラス」のマントラと同時に誕生しました。薬を使わない、愛と笑いの過去生療法をする精神科医として、「アマテラス」のマントラを唱えて、地球の平和を祈る祈り人として、無限のゼロから誕生したのです。

本当に、自分は天が使いやすい「天使人」だとしみじみ思います。

身を粉にして、天然アマから直観を受け取り、忠実に働き続けてきました。

天然アマから受け取った「アマテラス」のマントラは、真言密教の光明真言《こうみょうしんごん》のような強力な真言です。

越智家は代々、真言密教で、光明真言は、家族で覚えていました。

「オン　アボキャ　ベイロシャノウ　マカボダラ　マニ　ハンドマ　ジンバラ　ハラバリタヤ　ウン」を21回唱えるのですが、意味がわからずに唱えていても気持ちのよい真言です。

今回、意味を調べてみたら、「オーン、不空なる御方よ、大日如来よ、偉大なる印を有する御方よ、宝珠よ、蓮華よ、光明を放ち給え　フーン」でした。

最後の「フーン」に、ちょっと笑いました。

大きな地震の揺れのあとに、宇宙を創っている天然の世界から受け取った真言「アマテラス」のマントラは、前に紹介しましたが、大切なので再登場です。

アマテラス　天地《アメツチ》の
光満つ　地に降りて
カムナガラの道　今開かれん
ア〜オ〜ム　ア〜オ〜ム、ア〜〜オ〜〜ム〜〜

短くて、シンプルで、わかりやすいです。

最後のア〜オ〜ムは、宇宙創成の言霊です。

自分の中の宇宙の根源に行く瞑想をするときに使うマントラです。

天然を突き抜けて、平和な世界を創造しましょう

この本を書くのと並行して、古代超直観科学のカタカムナを学んでいるときに、相似象学会誌の『相似象』第5号に「カムナガラノミチ」の解説が長々と書かれていて、びっくりしました。

ゼロにリセットして、カタカムナを相似象から学び直しているときに、感動の対面をしました。

カムナガラとは、「形や象は見えないけれども〜」という語りかけの言葉です。

「『カムナガラノミチ』の内容の解明は、単に神道研究にとって見逃すべからざる重大ニュースであるばかりでなく、日本の古代、日本語の発祥、日本民族の起源、日本人の民族性など、人類の根本問題を探求する人々にとって、無視することのできぬものである事が判明した」と前書きに力強く記されています。

中古代の人々が、カタカムナ声音符による表示法を廃止し漢字を採用して、オン・クンの当て字による記載をするようにしたことから、わからなくなってしまったのです。

今こそ、「カムナガラノミチ」を開くときなのです。そのためのマントラを降ろしても

らったのだと、今気づきました。

「カムナガラノミチ」は、五七調の歌になっています。全部で104句あります。

大切なところを紹介します。

第一句は、アマカムナ　アマカムヒビキ　カムナガラ　タカマソトハラ

オシクモネ　タカマハルハラ　アラカミチ　ウマシアマタマ

カムナミチ

意味は、「宇宙球（タカマ）の外域（ソトハラ）は、人間の目にはカタチは見えぬが（カムナガラ）、立体的に拡がるクモに覆われて居り（オシクモネ）、

宇宙球（タカマ）の張り出す空間（ハルハラ）である。それは、アマ始元量を生み、始元量によって成り立つタマ（宇宙球）を生み（ウマシアマタマ）、宇宙に於けるすべてのモノを創成する場（アラカミチ）である」。

もっと簡単に、意訳すると、「宇宙球の外側は見えないけれども、雲のような広がりに包まれて空間を生み出しています。**アマ始元量という小さな粒が宇宙球を生んで、すべての物を作る場になっているのです**」。

わかるようで、わからないようで、でも何となくわかってくると思います。

第七句に、とても大切な**宇宙の真理、「ナナヨツギ」という「七」の数に規制される周**

期性が表わされています。『永遠の0』のところで、ゼロ戦のエンジンが、七角形で「ナナヨツギ」だと紹介しました。

第1章でも紹介した、海苔漁師の徳永さんが、初めて弾くピアノで、動画を見ながら、本当に難曲『ラ・カンパネラ』が弾けるようになりました。

毎日7時間、7年間と七の数の周期性がちゃんと現われています。

なんと、パチンコをやめるきっかけになったのが、70万円も大損をしたと、これも70万と七の数です。びっくりですね！

さらに、第三十四句には、「ヤワセノマツリ」という男女の異性のマツリ（集ること）がカムミのサヌキとアワを活性し、誘発するという男女の恍惚の交わりが最も有効なアマウツシで、天然アマに突き抜けるのです。

これは、スローセックスや老子のタオ・コードに通じます。

また、健康法についても第四十一句には、病人の手の指の股を指圧してあげながら、（タナマタカナメ）悩み事をよく聞いてあげること（コトヤワセ）だと書かれています。

これとそっくりのヒーリングを亡き母が家族にしてくれました。

とても懐かしいです。なんと、指股の痛気持《いた》ちいいの指圧まで、上古代からの智慧だったとはびっくりです。

疲れや風邪がすぐに治っていました。

読んでいると、わくわくしてきます。

しっかり「カムナガラノミチ」を学んで、また診療に生かしたり、本で紹介したり活用したいと思っています。

カタカムナでは、同音異義語と言って、同じ音は同じエネルギーを表わすという法則があります。

これを聞いて、ギャグが作りやすくなってきました。

笑いに磨きがかかってきたというか、カタカムナに後押ししてもらっているような嬉しい気分です。

本当に心から「宇宙はギャグでできている〜」と思えるようになったのです。

これからも愛と笑いで、なんくるないさ〜（なんとかなる〜）の気持ちで、楽しくこれからも天然アマに突き抜けていきたいと思います。

いよいよ2020年を迎えて、地球が今度こそ、平和になる大事な要の時期にきています。リセットしながら、楽しくゼロ・パワーを活用していきましょう！

何事も、継続していくには、「楽しく」が大切です。楽しくをモットーにやっていけば、必ず好きなことを続けることができます。

それぞれの持ち場で楽しくユートピア活動を続けていきましょう！
２０３０年には、平和な地球ができているそうです。
それぞれのユートピア担当地区で、はじけながら、実現しましょう！
愛と笑いで、無限のゼロ・パワー全開です〜〜!!

おわりに

この本を読んでくださって、本当にありがとうございます。

いかがでしたでしょうか？

自分リセットのために、たくさんのヒントが得られたでしょうか？

本当の自分らしさを取り戻して、自分リセットができたでしょうか？

あなたの内なる宇宙から、無限のゼロ・パワーがどんどんあふれてきて、人生が楽しくなってきたら、とても嬉しいです。

そうなると、面白いように人生が好転して、本当にやりたかったことがクリアになって、どんどん夢が叶っていきます。そんな流れになっていくと信じて、これからも、この流れを持続していきましょう！

気になったゼロ磁場には、ぜひ実際に現地に行って、エネルギーを感じてみてください。

土地との縁も大切です。そこに過去生で住んだことがあると、なおさら懐かしさと思い出の引き出しが開いて、思いがけないパワーが出てくることがあります。

そこへ行くと決めると、宇宙がベストタイミングに、行けるようにしてくれます。自然の素敵な流れに直観で、乗ってみてください。

今回のテーマは、ずっと私の本の編集を担当してくださっている野島純子さんが、「ぜひ、また書いていただきたいのですが、いいテーマが見つから無いんです。……でも、あきらめ無いですよ〜」と繰り返し「無い、無い」と言っていたら、そのままのゼロ・パワーというベストなタイトルの本になってしまいました。本当に面白いです。

まさに、宇宙はギャグでできていますね〜最高です！

そして、この本がちょうどこの時代にぴったりの内容になっているので、びっくりです。

人生のしくみでは、日常の細かいことも、すべて人生がもっと楽しく素敵になるために起きています。

人生一切無駄なしです。

すべての人には、それぞれの素晴らしい役割があります。

自分が得意とする分野で、せっかく行列に並んで、辛抱強く大人気の日本に生まれてきたのですから、ラッキーな自分をほめながら、自分らしく、気持ち良く自己表現をしていきましょう！

ずっと、地球を舞台に選んで、何回も生まれ変わって、いろんな体験を積み重ねてきた今の自分がいよいよいろんな自分を統合して、大きな大変革の時代に臨場感あふれる変化を楽しみながら、自分もユートピア創りに参加しましょう！

今回も快く、この本を出版させてくださった編集長の山崎知紀さん、本当にありがとうございました。

美しい表紙をデザインしてくださった青春出版社装丁室の黒瀬佳澄さんが、以心伝心で感動しました。本当にありがとうございます。

今回の本創りの過程でも、いつもの力強い応援団長のパーカー智美さん、本当にありがとうございました。相似象について、いろいろアドバイスをくれた川井亜哉子さん、本当にありがとうございました。

いつも愛あふれる応援をしてくれる家族やスタッフの皆さんにも本当にありがたいです。

ずっと支えてくださった多くの方々に、心から感謝の気持ちでいっぱいです。

私たちが本来の自分に目覚め、自分の特性に気づいて、それをこれからどんどん生かしていくことで、全体に素晴らしいユートピアの世界を創ることができます。

もうその流れが着実に始まっていることに、わくわくしてきます。

新しいユートピアの地球にブラボー！

素晴らしく目覚めてきた私たちにブラボー！
リセットされ、さらに楽しい体験を積むことができる、新しい地球にブラボー！

２０２０年　５月吉日

魂科医・笑いの天使・楽々人生のインスト楽多《ラクタ》～

越智　啓子

特別付録

無限のゼロ・パワー ヴォイスヒーリング

無限の力が目覚めるＤｒ．啓子のヴォイスヒーリングを
下記 WEB ページ から試聴していただけます。
今回、クリニックのある沖縄・天の舞の庭に咲く
花の写真を特別に収録しました。
魂が癒されるヴォイスヒーリングと美しい自然の映像を
楽しみながら、内なるゼロ・パワーを活性化しましょう！

読者限定特設ページ

http://www.keiko-mental-clinic.jp/zeropower-voice/

アクセス

著者紹介

越智啓子　精神科医。東京女子医科大学卒業。東京大学附属病院精神科で研修後、ロンドン大学附属モズレー病院に留学。帰国後、国立精神神経センター武蔵病院、東京都児童相談センターなどに勤務。1995年、東京で「啓子メンタルクリニック」を開業。99年沖縄へ移住。過去生療法、アロマセラピー、クリスタルヒーリング、ヴォイスヒーリングなどを取り入れた新しいカウンセリング治療を行う。現在、沖縄・恩納村にあるクリニックを併設した癒しと遊びと創造の広場「天の舞」「海の舞」を拠点に、クライアントの心(魂)の治療をしながら、全国各地で講演会やセミナーを開催し、人気を呼んでいる。

啓子メンタルクリニック
http://www.keiko-mental-clinic.jp

自分《じぶん》リセット！　無限《むげん》のゼロ・パワー

2020年 6 月15日　第 1 刷

著　　者　越《お》　智《ち》　啓《けい》　子《こ》

発 行 者　小澤源太郎

責任編集　株式会社 プライム涌光
電話　編集部　03(3203)2850

発 行 所　株式会社 青春出版社
東京都新宿区若松町12番 1 号 〒162-0056
振替番号　00190-7-98602
電話　営業部　03(3207)1916

印　刷　中央精版印刷　　製　本　大口製本

万一、落丁、乱丁がありました節は、お取りかえします。

ISBN978-4-413-23162-6 C0095